为聪慧与高尚的人生奠基

谨以此书献给清华大学附属小学百年诞辰

“叶子的面积”的课堂现场

“体积和容积”的课堂现场

“百分数”的课堂现场

获聘东北师范大学硕士生导师

基于 iPad 的小组化学习

魔尺大赛

大夏书系·数学教学培训用书

我这样整合数学

寻找数学的宽度与厚度

WO ZHEYANG ZHENGHE SHUXUE

王丽星 著

华东师范大学出版社
ECNUP
全国百佳图书出版单位

目　录

contents

第二章 学科内整合

第三章 学科间的整合

第四章 课堂内外整合

序一　一位这样的教师

2002 年，我正式调入清华附小。

那一年，我担任学校的副校长。虽然我是教语文的，但因为角色与身份，自然也对教育圈其他学科的老师有所了解，王丽星便是其中的一个。

那一年，有一件事情让我对这个年轻人留下了深刻印象。王老师义务给一个孩子补课，由于近一个学期，家长买了礼物送给王老师。按理，老师义务付出，家长表示感谢，老师接受感谢也是常理，可是王老师说什么也不要，经过几番推托，终于将礼物还给家长。要知道王老师从延庆偏远的山区分配过来，刚刚结婚，贷款买房，生活的拮据可想而知……

那时我就在心里留下一个念想：这个年轻人一定错不了，品行可靠，不贪便宜，定会有出息。

2010 年底，我做了校长。学校结合国家“十二五”教育规划纲要，确定了学校发展的十年计划，尤其是对学校人才战略作了规划——人力部需要有新的站位、新的内涵与新队伍的植入，这时，一个人的名字跳到了我的眼前，他就是王丽星。

很愧疚，听王老师的课，是在学校参加海淀区的“世纪杯”比赛，他作为选手试讲时——当时心里一阵激动。记得他讲的是“可能性”。数学的内容我记得不那么清楚，但王老师的课感简直太有特色了。

声音里有温暖，语气里有启发，节奏上不紧不慢。我感觉就是一个字：聊！

原来数学是这样聊的啊！当我听后把这种感觉跟他交流的时候，他笑着说我这个语文老师形容的是那么个感觉。

再后来，我又听了王老师的几节课，对比自己，我的课显得过于激情，有用力过猛之嫌。我不是在否定自己的课堂风格，语言文字里的人文性有些时候是需要情感的“激荡”或“荡漾”的，王老师的课里也有情感，却是一种用数学作为载体的，加上老师自身素养的，对学生无限爱与体贴的综合的情感。好比煲了很久的汤——舒服，润口。这对我启发很大，后来我的课不能说完全受到王老师的影响，但一群王老师们的风格让我重新理解了课堂不仅仅是讲、大声地告诉，还是那种火候的聊！

我还发现，王老师的聊里，总是藏着幽默与智慧。因为聊，学生不紧张，学习起来自然而然进入状态——动脑，动手，质疑，探索……因为聊，不忙忙叨叨，他就有机会关注每个孩子，并以这种轻松、愉快的方式让孩子们亲近数学、感悟数学，学生们能不喜欢吗？

周天煜、李湜文等同学曾经激动地说：“我们和王老师情同手足。”他曾经教过的张唯等同学则不止一次地说：“王老师，你可真像我的爸爸呀！”还有一些同学反映，王老师的每堂课他们都是用心对待的，生怕丢掉王老师的一节课，他是他们遇到的最优秀的良师！注意，学生用“手足”“爸爸”“良师”，而不是“哥们儿”来形容自己的数学老师，是因为这“聊”不是调侃，不是耍贫，而是一种亲近但不过于亲密的、正向的、健康的互动，一句话，他的聊数学的课堂，是一种富于教育学意义的启发式教学！

他教过的几百个孩子中，既有熊晴清、劳丽诗、周吕鑫、何姿、彭月娇等跳水冠军学生，也有杨幻睿、塔米尔、唐韵、苏珊等一批进入中学依旧出类拔萃的学生，得英才而育之——这背后有多少故事可以分享？有多少付出需要铭记？总之，到了晚上，一定有一盏灯在亮着——那是王老师在备课，在工作……

王老师就这样，一路走来，到清华附小已18个年头，从未转过弯。作为比他年长的教师，看着王老师一步步成长为海淀区骨干教师、海淀区学科带头人、北京市骨干教师、东北师范大学硕士生导师……我为有这样的同事而感到骄傲！

我坚信，未来他依然会“从一而终”地“聊”，和千千万万学子一起创造出因数学而创造的人生。

今天，清华附小“1+X课程”整合之改革正走向深入，而这里的孩子来自清华二代，每一个都是独一无二的，思维方式、家庭环境等的不同会导致不同的学生有不同的“学习现实”。

王老师和数学教师团队在反思：若是数学课只是计算训练课，概念讲解课，在一天天的“裹挟”中前行，学生的提高和成长又在哪儿呢？在小学阶段，学科之间泾渭分明，其鲜明的独立分割造成了学科教育教学的片面性，知识、技能、情感的全面协调发展似乎被割裂了。面对教育对象的多元化和个性化、数学教学内容的丰富性，满堂讲不可取，满堂问不可取，满堂论亦不可取。若是跳不出教师讲授、学生接受的套路，依旧枯燥乏味地教与学，真实、生动、活泼、有趣的甚至是可亲近的数学学习怎么会发生呢？

行动起来，整合，是整合，还是整合！学科内整合，学科间整合，课内外整合！于是大刀阔斧地“整合数学”，就这样在王老师带领的数学团队中——开始了！

而今，王老师的“整合数学”课堂，如“质数和禅”等，已经不仅仅是教学策略或特色层面的聊，更是形成数学思想的实践研究。他的课已经跳出学科本位的思维方式，带动了更多的教师，改变了教师传统的课程执行者身份，在一种更“宏观”的视角下研究数学的教与学，师生共成长。

借助整合数学这种实践模式，王老师和他的团队实现了学习资源科学化、生活问题数学化、课堂目标操作化、学习方式小组化、学习过程自主化。数学教育的着眼点在于学生，教师的关注点是学生的完整教育世界。

于是我们看到，他和数学教师跟随张红老师一起创编的《清华少儿数学》获得北京市第三届基础教育教学成果一等奖！数学团队编制的12册《小学数学质量目标手册》和12册《小学数学乐学手册》，体现的不仅仅是付出与汗水，更是整合数学的智慧与思想！

正是有了这样的原创的、物化的校本载体，“整合数学”有了更丰富的内涵：既是一种策略，也成为一种理论思想，把“培养完整的人”作为头上的明灯，尝试打通学科界限，尝试建立清晰的教学目标体系，构建数学特色课程，在学校整体育人目标的框架下，实现义务教育阶段数学课程的培养目标，面向全体学生，适应学生个性发展的需要，提升学生的学习力、思考力、研究力，为清华附小当前进一步明晰基于学生核心素养的改革注入新的思想活力，进而为清华附小的办学使命——为聪慧与高尚的人生奠基，指明长效路径。

写到这，我突然想到一些问题：身兼多职的王老师，是一个怎样的数学教师？这是一个怎样的人力负责人？这是一个怎样的党总支副书记？人力部的人员调入、评职、评价、绩效考核，学校党总支副书记的计划、总结、谈话……他该怎样调整工作？他能胜任这么多工作吗？

“整合”带来的思想与能力——可想而知。所有的分割都被王老师组装在一起，碎片编织在一起，成为整体——完整！而这不也是一个老师在用自身的实践效果说明整合的力量吗！

原来整合数学，是更好地涵养数学素养；原来整合的人生，是完整的健全的人生——于是，当你打开这本书的时候，透过数学，你会看到一个精彩的，不仅可以预知，还可以充满想象的未来。

我想起《清华附小办学行动纲领》里的一句话：

仅仅选择当教师，选择当清华附小的老师，就是选择不断修炼的过程，他敬畏教育、热爱学生、忠于事业，他努力在学生未来对社会的贡献中，体现自己的人生价值，在学生今日之爱戴与未来的回忆中，实现富有乐趣与成就的教育人生。

窦桂梅

2015年2月15日

序二　请让数学学习慢下来

假如人能活100年，其中睡眠恐怕要用33年，一日三餐要用8年，奔波在车水马龙的路上怕也要12年，打电话要2.5年，穿衣洗澡解决个人问题要4年，再加上“胡思乱想”1年……最后剩余时间恐怕不会超过15年。15年，5475天，131400小时，能做什么？是不是很焦虑？怕来不及做这件事，来不及做那件事。

似乎我们总感觉“一万年太长，只争朝夕”，总是在赶时间：寄信，最好是特快专递；拍照，最好是立等可取；出行，最好是高速公路、高速铁路、磁悬浮、飞机——怎一个“急”字表得完。

焦虑中，来不及搞清楚方向，就已经匆匆上路了；焦虑中，来不及想清楚干什么、怎么干，就匆匆开始了；来不及……什么都想做，什么都没做好，急匆匆的一天，又一天……为什么宁要千万个开始，不要一个完成？只重结果，急于求成，只顾眼前，忽略未来，是惯性使然，也是浮躁心态使然。

新课程改革十余年，教育理念实现了由“知识为本”到“育人为本”的转变，课程目标实现了由“双基”到“四基”的转变，内容方法实现了由“结果性”到“结果性”加“过程性”的转变，评价目标与方法实现了由“单一”到“多元”的转变，这些“冰冷的美丽”，我们怎么将其变成火热的思考？怎么让其发生得“润物细无声”？事实上，我们还有很多自认为的不如意，课堂上“未雨绸缪”,“防患于未然”，这是不是急躁？学习上高能耗、低效率，学生兴趣不高，学过的知识、方法有没有可持续性？哪些是能长时间伴随，甚至能伴随一生的？我们常说“给点阳光就灿烂”，可问题是，我们给孩子“阳光”了吗？这“阳光”究竟是什么？

让孩子们开心地学，并且想学、会学，学得对生活有意义，的确是一件很有挑战的事。需要关注的是，我们的教学有没有关注到孩子的需要？仅凭感觉、经验去教，在我们事无巨细的讲解中，真正的学习或许并没有发生。我们又怎样和孩子们一起学习活生生的、活泼泼的、好玩的、有用的数学呢？

还记得，校园的花房里开出了一朵大玫瑰花，红艳艳的花朵就像一张可爱的笑脸！每天都吸引许多同学来看。一天，一个三四岁的小女孩径直走向那朵花，摘下来，抓在手中，从容地向外走去。同学们惊讶极了，有的非常气愤，有的甚至要上前制止。正在旁边散步的校长看到了，走过去，弯下腰，亲切地问:“孩子，你摘这朵花是要送给谁？能告诉我吗？”“奶奶病得很重，我告诉她学校里有这样一朵大玫瑰花，她有点不相信。我现在摘下来给她看，看过我再把花送回来。”女孩害羞地说。听了孩子天真的回答，同学们安静了，校长的心颤动了。

校长牵着小女孩，到花房里又摘下了两朵玫瑰花，对她说:“这朵是奖给你的，你是一个懂得爱的孩子；这朵是奖给你妈妈的，因为她养育了你这样的好孩子。”

这位校长就是著名的教育家苏霍姆林斯基。他用自己的耐心等待，发现了孩子发自内心的纯洁与高尚。

倾听孩子的声音，孩子的学习需要时间，因为孩子的成长需要“阳光”，这“阳光”就是等待的时间，这“阳光”就是引导学生探索的情境，这“阳光”就是合作学习中的张弛有度。慢一些，再慢一些，平静而平和，细致而细腻，充分持有等待教育效果逐步显现的心态和能力。学生的数学学习会因为“慢”而精彩！会因为“慢”而丰富！会因为“慢”而变得可持续！

我们常说“要尊重学生”，这个“尊重”恐怕不仅仅是“你真棒”式的表扬，不仅仅是“你再想想”式的鼓励，其更深层的含义是：低下头来，走近学生，了解学生的学习需求，了解学生的关切、感受；俯下身子，走进学生，理解学生，满足学生的渴望，帮助学生自己探索并解疑释惑。

我们常说“爱每一个学生”，这个“爱”恐怕不仅仅是天冷时的“嘘寒问暖”，不仅仅是交流时的“笑脸相对”，这个“爱”是需要能力的。作为学生，有一个懂他的老师远比仅仅有一个“爱”他的老师幸运；作为老师，若不懂学生，根本没有资格谈“爱”学生。弗赖登塔尔说：“请不要对学生正在做的事情横加干涉！您唯一能做的事情就是观察，在一旁认真地观察和倾听。”

曾经，我常常对学生这样说：“只要你愿意认真听，我愿意讲三遍，讲五遍，直到你听懂。”每每讲起这句话，我都不禁被自己“感动”，我是如此“敬业”地爱着渴望进步的学生，可现在想想，当时多么幼稚。讲了，学生就会了吗？学习就真的发生了吗？除了体现我所谓的“敬业”以外，成就学生的乐学了吗？学生的学习是简单的知识“乾坤大挪移”吗？不，绝不是！小学生的学习绝不仅仅是得到一个个冰冷结果，而是一个要发生“化学反应”的动态过程，更重要的是，小学生的学习绝不仅仅是教师对学生做了什么，而是学生自己做了什么。

龙应台说得多好：

我，坐在斜阳浅照的石阶上，望着这个眼睛清亮的小孩专心地做一件事；是的，我愿意等上一辈子的时间，让他从从容容地把这个蝴蝶结扎好，用他五岁的手指。

孩子你慢慢来，慢慢来。

千百年来，人类对自然界的探索与成果，压缩了形成的过程，以文字、图表等浓缩的形式呈现在书本上，呈现出冰冷的美丽，教师的最大价值或许就是帮助学生解压缩，进而引发火热的思考。

师与生，就像一个生命成长的共同体，教师是学生学习道路上的引路人，学生是教师一生经历中的重要的朋友。慢一点——师与生，彼此滋养，彼此成就。

我眼中的“学习”是这样的：是学生已有经验在外界刺激下引起的内在变化的过程，这个过程为后续新的学习提供新的经验或新的可能。通俗地说，学习是在学生已有经验和知识的基础上发生的，学习需要有外部环境或条件的影响、刺激，但归根结底要由学生自己动口、动手、动脑去完成，它是学生活动的过程，通过这个过程，学生的经验和知识得以丰富、拓展、加深，知识结构更加丰满起来。若如此，我们不禁追问，学生的学习真的发生了吗？这或许只要看看学生的这个“学习”是不是个过程，是不是为后续学习提供新的可能就可以找到答案，但无论怎样，搬运工式的教学不会为学生的后续学习提供太大的帮助。

既然如此，问题就产生了，以某个学习节点算起，每个学生都是独一无二的，但这些独一无二的学生基本一致的或不一致的学习困难、学习需求、学习兴趣是什么呢？教师的直觉和经验不是“慢”数学的关键，所谓的“无心插柳柳成荫”，是传说，也是不可预约的。事实上，大开大合或收放自如的前提是教师对课前学情的精准把握。学生进入课堂前并不是白纸一张，他们头脑中具有从其他课程或日常生活中获得的知识，如事实、概念、态度等。真正意义上的零起点学习是不存在的，对于同样的知识，不同的学生已经有了不同的“学习准备”。而学生的已有经验和学习需要才是课上教与学的起点。如何了解学生已有的知识基础、生活经验、活动经验、学习困惑呢？

数学教学与其说是数学活动结果的教学不如说是数学活动的教学，这就需要教师关注学习过程，关注知识与技能背后更为本质的东西——知识的产生与发展，数学思想、方法的形成，活动经验的积累，良好学习习惯的养成。

清华附小的办学理念是：为聪慧与高尚的人生奠基。这个聪慧是需要体现在过程之中的，而表现在过程中的聪慧必须通过过程来传递。

关注学生的学习过程，就是要重视学生发现问题和提出有价值的问题。课上创设有效的情境，让学生在小组化学习中进行质疑、解疑与分享。教师必须放弃“自演”，专心做好“编”和“导”，让学生“站在课堂正中央”，进而在小组化学习中回归启发式教学。

课上教师宜少讲甚至不讲，让学生尽量多说、多议、多动，不是教师讲得越多，学生就学得越快越好。学生课上的数学学习是不断质疑、释疑，再质疑、再释疑的周而复始的过程，要给时间，让学生自己动口、动手、动脑，让学生自己提出不懂的问题。我们该采取怎样的方式陪伴学生走向他们“没有去过的地方”，即走向“明亮那一方”呢？

当下小学教学基本是分科教学，各学科的界限还是分明的，而学生各学科分别“厉害”的最终结果不一定等于聪慧，学生的实践性与创新性是教出来的吗？

老子说：“是以圣人欲不欲，不贵难得之货；学不学，复众人之所过；以辅万物之自然，而不敢为。”数学的教与学应道法自然，顺势而导，导而学之。

若要拥有不曾拥有的快乐，就得走一条令你不快的路；若要具备尚不具备的有知，就得走一条无知无识的路；若要实现不曾实现的富有，就得走一条一无所有的路；若要成为不同于现在的你，就得走一条不是现在的你的路。

这个“道”是什么？这条“路”在哪里？

王丽星

2015年2月14日

前言　我们的数学教学去哪里

还记得，一次区里统一测试，有这样一个问题：

1立方分米正方体木块可以切成（　　）个1立方厘米的小正方体。

学生错例为：1立方分米正方体木块可以切成（10或100）个1立方厘米的小正方体。

此题堪称经典，要说难还真不难，可是考后询问学生，却有不少人出错（因区里统一阅卷，具体数据不得而知）。如果我们问学生"1立方分米=（　　）立方厘米"，恐怕答不上来的人数不会很多，题目变了变，为什么错误率会成倍地增长呢？

无独有偶，另外一次练习中又出现了一道类似的题目：

将一个棱长1分米的立方体切成1立方厘米的小立方体，排成一排成一个长方体，这个长方体的长是（　　）厘米，体积是（　　）立方分米。

学生错例为："将一个棱长1分米的立方体切成1立方厘米的小立方体，排成一排成一个长方体，这个长方体的长是（100或10）厘米，体积是（1000）立方分米。"

就是这样一个并不算难的题目，全年级的错误率竟达到了26.8%（全年级269人）。为什么区里测试时出了错，讲评后，再遇到略加变化的问题时学生还出错呢？我不禁陷入了深深的思考中。

简单地把责任归咎于学生空间观念不强、审题不仔细显然是不科学的。出现这样的情况，是偶然的吗？空间与图形的学习中，又有多少这样反复错、错反复的情况呢？在深深的思考中，曾经的一幕又浮现在我的眼前。在学习了平行四边形的面积后，孩子们遇到了这样一个问题：

如图：把一个长方形框架拉成平行四边形，这个平行四边形的面积和原来长方形的面积相比（　　）。

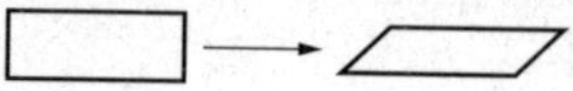

A. 不变　　B. 变大了　　C. 变小了　　D. 无法确定

据统计，我所教的两个班中有 30% 的学生选择 A（正确答案是 C），错误惊人呀！讲评时，我做了一个活动的长方形框架，做了直观演示，之后又利用课件反复强调，引导学生观察：长方形框架与平行四边形框架相比，什么没变？（底不变，周长不变）什么变了？（高变短了，面积变了）窃以为一番功夫下来，学生们自是心知肚明，于是在单元验收测试中，我出了个类似的问题，以期待满意的结果出现。

如图：把一个平行四边形框架拉成长方形，这个长方形的面积和原来平行四边形的面积相比（　　）。

A. 不变　　B. 变大了　　C. 变小了　　D. 无法确定

结果怎样呢？两个班中有 25% 的同学选择了 A、C（正确答案是 B），正确率离我的期待相差甚远。

为什么对于“1 立方分米等于多少立方厘米”的理解学生不成问题，变成前面的试题后就问题多多了呢？我想，学生学习有关立体图形问题时，策略不多，没有更多的办法把汉字“翻译”成数学语言（比如用图表示），对 1 立方分米 =1000 立方厘米只是停留在记忆的层面上，学生头脑里的立体图形还是平面的，没有建立相应的立体模型，不清楚摆成的长方体究竟是什么样子。

对学生来讲，长方形的面积不成问题，平行四边形的面积也不成问题，可面对“把一个长方形框架拉成平行四边形”的问题，学生的出错情况怎么就如此严重呢？

可能是在平时的练习中，学生更多接触的是“静止”的图形问题，遇到此类有变亦有不变的“运动”图形时，就往往不知所措，抓不住解决问题的关键。在推导平行四边形面积公式时，学生把平行四边形沿高剪下，然后拼成一个长方形，不知不觉间，形成一个思维误区：平行四边形剪拼成长方形后面积不变，那么平行四边形变成一个和它周长一样的长方形后，面积也不变。特别是运用剪拼转化的方法研究了三角形的面积、梯形的面积之后，学生的这种错误认识愈发顽固。学生的潜意识里不知不觉间形成了这样一种认识：两个图形改变形状后，只要有不变的因素（如底不变，高不变），必定面积不变，就是说如果周长不变，面积自然也是不变的。学生恰恰忽略了平行四边形的面积是由两个因素——底和高决定的。不论是把一个平行四边形拉成长方形，还是把一个长方形拉成平行四边形，平行四边形的高都不再等于长方形的宽了，而且比长方形的宽短。

面对学生在学习中如此反复多次的错误，不由得我们不反思：知道就等于会了吗？教过了、讲过了就等于学生会了吗？类似空间与图形的学习，学生的思维误区是如何形成的？在教学中我们如何帮助学生走出思维的误区呢？一道数学题学生做错了，我讲了三遍，学生还是做错了，这不是学生的问题，而是我们的教学出了问题，那问题出在哪儿呢？

传统教学方法单一。虽然老师动用各种手段，如反复练习、示范，但效果甚微。孩子们要么单纯记住结论，要么单纯记住得出结论的过程，并没有触碰“为什么”，这是最要命的！虽然我们知道“思维的运动正是数学的出发点和落脚点”，这一点也不得不令人反思！

怎么改变现状呢？怎么样孩子才能产生思考呢？这里面有几个关键点。第一，孩子产生思考的动机必须被调动起来，理想的状态就是孩子们能自发地对问题加以关注，也就是有“好奇心”，这是非常重要的，不但可以开启后续的探究过程，而且可以催化探究的始终持续性。第二，孩子们在整个探究学习过程更多的是受思维的驱动，而不只是对过程或结果的记忆，这也是数学给予孩子的最好的营养品。第三，孩子们能够对整个学习探究过程进行回味和反思，能印象深刻，能在下一次认识事物、解决问题时充分使用本次培养的情感、方法、经验和结论等，能独立解决新问题，这将使他们受益终生。

怎样选取、调动、整合各种有效的、一切可以作为数学资源的素材，特别是与孩子们息息相关的素材，有效解决问题，为学生做好一顿顿数学的“可口饭菜”呢？其中的素材可能是其他学科的，也可能是生活的，如何以这些素材为载体，以问题为切入点，通过问题的解决来发展和培养学生们的数学素养和数学品质呢？

追问一：学生的提高和成长在哪里？

清华附小坐落于亚洲最美大学——清华大学里，这里绿树掩映，充满书香，一年四季花常开（冬天是飘雪花，开梅花）。这里的每个孩子来自清华二代，都是独一无二的，思维方式、家庭环境等的不同会导致不同的学生有不同的“学习现实”。有的孩子视野开阔，反应敏捷，有很强的学习能力，教材上的内容已不能满足他的学习需求；但有的孩子就是手把手地教，他也存在困难；更多的孩子是见多识广，大多数新课，60%左右的学生学习之前就通过课外班或其他读物知道了结论。只要了解了，学生就认为自己会了，不用学了。数学课上仅仅是要学习结论性的知识吗？若是数学课只是计算训练课、概念讲解课，在一天天的“裹挟”前行中，学生的提高和成长在哪儿呢？六年的数学学习，究竟要在孩子们身上打下怎样的“烙印”呢？怎样为学生的聪慧与高尚的人生奠基呢？

追问二：数学是工具，其育人价值在哪里？

不可否认，数学是非常重要的工具学科，但是，数学仅仅是没有温度的“冰冷”工具吗？其育人的价值如何体现？时下，在“知识——传授”“能力——训练”（或者说是“技能——训练”）的教育模型下，很多孩子对数学学习感到“很受伤”。孩子们的好奇心调动起来了吗？保鲜起来了吗？尤其在如今的大背景下，我们数学教育的结果难道是看谁算得快、算得准，记得多、记得牢吗？难道要和信息时代的计算器、计算机比快、比承载容量吗？

时下，孩子们获取数学的渠道越来越多，课堂已不再是学生学习、获取知识的唯一阵地，一个开放式、多渠道的、自主与合作兼容的时代来了，我们的数学教育怎么办？应该为学生打下怎样的综合素养底子？毕竟综合素养是帮助个体实现自我、成功生活与融入社会的关键；综合素养是知识、能力与态度的整合而不是割裂。

基于数学综合素养，在小组化学习中，我们的学生动手操作、亲身实践，经历师生间、生生间的交流互动，经历提出问题、发现问题、分析问题、解决问题的过程。学生不只是获取了数学知识，思维运动在其头脑中发生，情感体验在其心中泛起。将来面对新问题、新事物时，孩子们会不自觉地运用这种思维和情感。或许只有这样，我们方可以说我们的孩子长大了，我们的教育成功了。

当下，清华附小关注学生基于提升综合素养的学习，其价值就在于综合素养不仅仅涉及知识、技能，还涉及活动经验、情感态度、价值观等多方面，为学生打下适应未来社会、促进终身学习、实现全面可持续发展的底子，或许这才是我们数学教育的真谛，乃至教育的真谛吧！

没有离开教育的教学，也没有离开教学的教育。从某种意义上讲，从“知识——传授”的教育模型到“能力——训练”（或者说是“技能——训练”）的教育模型，再到今天的“素养（综合素养）——养成”的教育模型的演变，体现了我们由教数学到教人学数学，再到用数学教人的不断进化过程，也体现了在重视数学的工具性的同时，由注重学科教学到注重学科素养养成，再到注重学科育人功能的不断进化过程。

追问三：未经有效整合的学习资源，能承载过程性育人目标吗？

每个孩子都是独一无二的，面对数学教学内容的丰富性，教师很难确定清晰的可操作的过程性乐学目标。满堂讲不可取，满堂问不可取，满堂论亦不可取，若是始终不能跳出教师讲授学生接受的套路，教学方式就会一直单调。为了应对考试，学生进行大量重复性、机械性训练，学习负担怎能不重？真实、生动、活泼、有趣的甚至是可亲近的数学学习怎能发生？

儿童世界里的数学不是非此即彼的简单判断，更不能是加减乘除的周而复始。德国教育家第斯多惠说过这样一段话："如果使学生习惯于简单地接受和被动地工作，任何方法都是坏的；如果能激发学生的主动性，任何方法都是好的。"或许，小学生的能力不强，方法不高明，但这并不重要，他们可以在丰富的经整合的资源的学习中、在小组化的争论中增强能力，在思维的碰撞中掌握更高明的方法，积累丰富的经验，这对学生综合素养的奠基意义深远。

宏观上说，上述三个追问关乎学科定位、学科品质和学科方向。学科定位代表了数学教学某些积重难返的核心问题，是课改的"硬骨头"。微观上说，这三个追问又是教师教学必须面对的现实问题。方向比努力重要，若是不可避免，我宁愿在正确的方向上困难重重，也不愿意在错误的道路上一帆风顺。学科方向事关"学生综合素养"的培养，这涉及数学教育价值判断的问题。如何从实践中寻找突围之路，帮学生打好学习与精神成长的底子呢？

第一章

整合数学

整合数学的内涵

古代或早期的课程是以整体、综合为特征的，其综合是低水平的。随着近代自然科学的相对独立和逐渐成熟，分科课程得以建立并日渐成熟，当代分科课程的理论与实践已达到了相当高的水平。然而，分科课程也日渐显示出学科之间相互隔膜、彼此封闭的弊端，学科之间的独立分割造成了学校教育的片面性，人的知识、技能、情感的全面发展被割裂。于是乎，美术老师将孩子们看作未来的画家，语文老师将孩子们看作未来的文学家，数学老师将孩子们看作未来的数学家……尤其在小学阶段，这种过分强调本学科的独立性、重要性，忽视学科间的内在相关性的做法是有失偏颇的。

课改已经十余年，如果在数学教学中我们仅凭感觉、经验去引导孩子，担心孩子的能力不够而进行事无巨细的讲解，可能教与学就擦肩而过了，学生真正需要的我们并没有给予足够的关注，数学“冰冷的美丽”并没有成为“火热的思考”，“润物细无声”的教育并没有发生。

2011 年，我校针对传统课程结构过于强调学科本位的问题提出“整合”的理念。

整合是统筹下的融合，即有机结合、相互渗透，是新近使用的一个概念。整合课程（integrated curriculum）和课程整合（curriculum integration）是两个不同的概念。

整合课程，侧重点在于名词“curriculum”，integrated 是形容词，表示“整合的”，修饰“课程”这个名词。整合课程是具有联系的不同内容融合在一起形成的一种新的课程形态。

课程整合侧重点在“整合”，它具有两方面的含义。狭义的课程整合将课程整合视为建构一种新型的课程形态，把具有内在联系的不同学科、不同领域的内容或问题统整为一门新的学科；广义的课程整合通常指“使学习计划中分化出来的各个部分比较紧密地联系起来的专门努力”，即把分门别类的课程或学习科目，以及一系列特定的学习活动紧密联结在一起，加强纵向和横向的配合，构成具有整体效应的课程结构。

由此可知，整合课程强调的是整合完成之后的课程样态，具有结果性，而课程整合更注重整合的过程和手段，具有持续的动态性。就小学数学教育而言，我们提出了“整合数学”：

整合既是理念也是实践模式。所谓整合数学，就是一种基于学生的基础和需求，通过整顿、协调、优化、重组学生面对的学习资源，以数量关系和空间形式为核心，以问题解决为载体，以提升学习力和综合素养为最终追求的教学理念和实践模式。

本文认为的整合数学更符合课程整合，它是一种整合的过程，是一种持续的动态过程。

一般而言，分科课程的依据在于客观世界不同领域的相互独立性和特殊性，而课程整合的依据则在于客观世界的整体性和相互联系性。这是因为世界存在着普遍的联系，两个本质上不同的事物，或表面看似无关的内容，却可能内在地具有某种一致性，这种一致性具有更加抽象的、上位的、原理性的特点，使得毫不相关的事物之间、问题之间、知识之间有相互的映衬，从而使得知识的整合成为可能。

整合，可解释为“一体化、成为一个整体”，是指一个系统内各要素的整体协调、相互渗透，使系统各要素发挥出最大效益。整合，从字面意义上来说，是统筹下的融合，即有机结合，相互渗透。

整合数学，整合本身不是目标，而是作为促使整合目标达成的一种手段，一种方法。整合数学就是要帮助学生理解知识的价值，为学生提供真正的、多种的理解和认识，改变学生对数学的理解，使学生在知识与技能、过程与方法、情感态度与价值观等方面得到全面和谐的发展，为学生打下数学素养的底子。

何谓小学生的数学素养？我认为小学生的数学素养是小学生的一种个人能力：能够初步认识数学对生活所起的作用，能够得出初步的有根据的数学判断，具备解决问题所必需的数学能力。这是为适应未来生活，成为有创新精神、批判精神、独立思想，关心他人的公民打下的底子。

整合数学的学习，不是数学活动结果的学习，而是数学活动“慢”过程加结果的学习，学习的结果很重要，但更重要的是学生的已有经验在外界刺激下引起的内在变化的过程，这个过程能够为后续新的学习提供新的经验或新的可能，这个过程是可持续的，是终身发展所需要的；整合数学的学习，是学生在已有经验和知识的基础上发生的，学习需要有外部环境或条件的影响、刺激，归根结底要由学生自己动口、动手、动脑去完成并最终自主建构，它是基于学生发展的学生的学习活动过程，通过这个过程，学生的经验和知识得以丰富、拓展、加深，能力得以形成，数学素养得以奠基。

作为一种教学理念，整合数学期望以跳出学科本位的思维方式，改变原本过分强调知识的数学教学、课程内容，改变教师传统的课程执行者身份，在一种更宏观的视角下研究数学的教与学，达到师生彼此促进，共同发展！

作为一种实践模式，整合数学期望构建有别于传统课堂的翻转课堂教学范式。通过整合实现教育资源科学化、生活问题数学化、课堂目标操作化、学习方式小组化、学习过程自主化。数学教育的着眼点在于学生，教师的关注点是学生的完整教育世界。整合数学把“培养完整的人”作为最终的目标，尝试打通学科界限，在整合理念的撬动下，尝试建立清晰的教学目标体系，构建我校数学特色课程，在学校整体育人目标的框架下，实现义务教育阶段数学课程的培养目标，面向全体学生，适应学生个性发展的需要，提升学生的学习力、思考力、研究力，进而为聪慧与高尚的人生奠基，成就一个活生生的人的发展。

整合数学的原则

通过对整合数学内涵的分析，我们知道整合数学的最基本特征就是学科内、学科间的开放交叉和立足于学生综合素养的培养。这种特征下的整合数学并不是简单地与其他学科知识“合并组合”，而是基于综合素养的各学科的有益延伸，并需要遵循一定的规律和原则。

第一，以社会发展的需要为指导的原则。

课程建设的根本目的在于培养未来社会发展需要的人才，整合数学必须以人的发展需要为指导，脱离这个原则，自娱自乐的整合是没有任何意义的，也是不允许的。适应未来社会发展对人的需要是小学数学教育的基本任务，要把适应未来社会发展对人的需要、促进学生成长作为整合数学的出发点和落脚点，要以学生为主体，以教师为主导，发挥学生的主动性。每个学生都是重要的，每个学生都是发展的，要真正关心每个学生，促进每个学生主动地、活泼地、可持续地发展，为每个学生未来发展所需的综合素养奠基。这是整合数学要遵循的根本原则。要把学生看作完整的人，要对学生的全面发展负责，要对学生的一生负责，以数学的理性精神影响学生，为学生的后续发展积蓄力量，要在“为学生成长负责”这样一个大目标下处理数学教育教学中面临的各种问题。

第二，基于小学数学学科特点的原则。

数学作为一门研究数量关系和空间形式的科学，具有高度的抽象性和严密的逻辑性等特点，整合数学则需要兼顾数学生活化及鲜明的基础性等特点。整合和组合不同，整合即把各个部分组成一个完整和谐的整体，而组合只是将整体或部分放在一起。整合更具有统合安排的意味。所以，整合数学，是要重组、整合、优化，为培养学生的综合素养所用，要关注学习任务是否体现了跨学科性、综合性、项目化学习等特点。这与以往所说的综合课程不同。整合数学基于数学，将数学与科学、信息技术等学科的相关内容统一安排融合，形成和谐的整体，打破传统的分科过细、知识本位，通过统整各种有效、合理的学习资源，注重多方面素养的立体式、全方位发展。

第三，以促进学生全面发展为目标的原则。

课程为教育服务，而教育的首要功能是促进人的发展。所以整合数学必须以促进学生的全面发展，培养学生的综合素养为目标。

什么是综合素养？综合素养是一系列知识技能和态度的集合，是可迁移的、多功能的，这些素养是每个人发展自我融入社会及胜任工作所必需的，在完成义务教育时具备这些素养，并为终身学习奠定基础。

《全日制义务教育数学课程标准（实验稿）》将数学按照学科体系特征分为四个领域——数与代数、图形与几何、统计与概率和综合与实践，并从知识技能、数学思考、问题解决和情感态度角度提出：“数学课程能使学生掌握必备的基础知识和基本技能，培养学生的抽象思维和推理能力，培养学生的创新意识和实践能力，促进学生在情感、态度与价值观等方面的发展。”因此，在我看来，在小学阶段，整合数学应该着重培养学生在“问题解决、反思质疑、合作交流”等方面的素养，为学生未来的学习、工作和生活奠定基础。

其一，问题解决。

教育教学是技术更是艺术，最高准则是让学生自己提出问题。传统数学课程只重视学生解决问题的能力，其实培养发现和提出问题的能力更为重要。当前社会的发展要求培养具有创新能力的人才。

创新是人的头脑中最敏感的机能，也是最容易受到压抑的机能。在小学阶段，学生的创造性思维火花可能光芒四射，也可能渐渐熄灭。而我们的教育既有可能为创新提供发展的契机，成为发展的动力，也有可能阻碍，甚至扼杀创新意识的形成和创新能力的发展。我们的班里可能既有“爱因斯坦”“笛卡尔”“牛顿”，也有“肖邦”“贝多芬”……很多时候，摧残天资优异而具创造力的学生，或许会比鼓励他们开花结果要容易得多，我们怎么办？走近学生，守望他、鼓励他；走进学生，理解他、解放他，成为他。发现问题和提出问题的能力是创新的基础，是问题解决的前提。学生结合整合后的学习资源，合情猜想，简单推理、判断，不断地增强对数学的信心和亲近感。

在问题解决的过程中，学生的探究能力体现在以学生为主、从学生已有生活经验和知识积累出发，围绕提问题、想办法、解决问题展开主动探索，相当于学生重走了一遍数学家发明创造数学的道路，是一个学生“再发现”的过程。尤其是正规的、严格的概念和方法要在活动的过程中，通过不那么正规的、经验性的方法一步步发现，而这个过程始于整合资源真实情境中的现实问题。

关注学生的学习过程，就是要重视学生发现问题和提出有价值的问题，激发其求知欲和好奇心，提供机会，使数学学习成为再发现、再创造的过程。课上要整合学习资源，创设有效的情境，让学生在小组化学习中进行质疑、解疑与分享。教师宜少讲甚至不讲，让学生多说、多议、多动，这涉及学习价值判断的问题。简言之，学生课上整合数学的学习是不断质疑、释疑，再质疑、再释疑的周而复始的过程，要给时间，让学生发出自己的声音，要给学生亲近数学的机会。

其二，反思质疑。

反思作为一个日常概念，与反省、自省、内省含义相似，在我国一直是文人士子的自我要求，如“内省不疚，夫何忧何惧”“吾日三省吾身”等。黑格尔认为反思是一种事后思维，是事后对既有的经验和现实对象的思考，其主要任务就是透过现象把握事物的本质和根据。

在我看来，反思是学生用“批判”的眼光、质疑的态度，对自身学习的过程和结果进行再审视，并在此过程中对自身已有的经验、经历和活动过程进行回想、深思，以便从中吸取经验和教训，获得启示，进而促进自身新的发展。反思是学习过程的精华，它会促使学生从最近获取的经验中获取新的经验。从某种意义上说，反思就是思考，是思考的另一种表达形式，含有学生对解决问题的策略、方案进行再思考、再选择的意味。

质疑则是学生对学习资源或者对他人的推理、结论进行思考甚至是怀疑。

在整合数学的学习过程中，重视“反思质疑”，培养学生自觉地对自己的学习现状和学习方式提出问题、总结经验，从而调节控制认知活动，是提高独立思考能力和发展批判性思维的重要手段，这既有利于提高学习效率，更有利于提高学生的元认知能力和水平，进而使学生成为学习的主人。

其三，合作交流。

一个人今天在校的学习方式，应与他明天的社会生存方式保持内在的一致性，而合作交流学习正是这种一致性的切入点。合作交流不仅仅是一种学习方式，更是适应未来生活的一种态度、一种素养。

合作交流就是与他人沟通，共同探究和解决问题，最后获得共同发展。要在坚持自己的观点的同时学会接纳别人，甚至是悦纳别人、欣赏别人。既欣赏对方的优点，又能够真诚宽容地指出别人的不足，学会在互相取长补短和彼此鼓励帮助中共同提高。在合作交流中，要似是无心却着实有意地向学生传递一种现代文明社会的观念，即我很重要，同伴也很重要，我们每个人都是一个丰富多彩的世界，每个人都有他自己的过人之处，我们身边的每一个人都是不可或缺的。

当今社会的飞速发展已不再是仅仅需求某一个具有高超能力的人，而是要求一批高层次的人才在合作交流的基础上共同探究解决问题。合作交流并不仅仅是一种学习方式，也是一种生活方式。要培养学生接受作为一种价值观的合作交流，这对于以后的学习、工作和生活具有重要意义。

综上所述，整合数学是一种基于学生的基础和需求，旨在培养学生的综合素养，在促进学生发展为本的原则的指导下，用教育的眼光，从培养完整的人的角度进行数学教育教学的方式。

整合数学的途径

一是，在综合实践中整合数学。

数学来源于现实，存在于现实，并且应用于现实，学习数学的过程应该是帮助学生把现实问题转化为数学问题的过程。因而，我们应当在日常综合实践中关注数学、发现数学、学习数学、运用数学。学习中既要有数学味道，也要充满生活气息，力求凸显“从哪里来，还要回到哪里去”，将学生的数学学习与实际生活相整合，促进学生的发展。

在综合实践中，学生把学习和社会现实紧密联系起来，用研究的方式进行学习，这个过程不仅仅属于“数学”，也不仅仅属于“信息”“科学”，它超越了具有严密的知识体系和技能体系的学科界限，它是“整合”的。

二是，在主题活动中整合数学。

融入主题的数学教育强调将学习活动与真实的情境、真实的任务相联系，这可以让学生在生活情境中动手动脑，获得直接的生活体验，将抽象的数学思维生活化。

通过整合主题情境，能将数学知识与学生的兴趣、经验、需要融为一体，让学生在自然、愉快和有趣的状态下学习数学、亲近数学，从现实生活中学习数学并将数学知识运用到生活中，解决生活中出现的问题。

数学知识是隐藏在事物背后的知识，能反映事物之间的抽象关系，抽象性和逻辑性是数学知识的特征。对于从具体的事物上升到抽象的数学经验，学生需要一个学习的过程，而主题背景下的数学，将数学回归于生活，因而，教师应引导学生去发现生活中富有情感色彩和实际意义的数学资源，深入挖掘隐含在主题活动中的数学内容，运用数学思维去面对生活情境中产生的矛盾，发现问题的线索，解决生活中的问题。

三是，在游戏中整合数学。

游戏是学生最喜欢的活动，学生根据自己的意愿、知识经验、能力水平，充分地、积极主动地享受已知，探索未知。游戏与数学整合，将枯燥、抽象的数学融入游戏，能让学生在玩中学，在学中玩。通过游戏的内容、游戏的玩法、游戏的规则等，让学生获得数学知识和技能，用数学方法解决游戏中的问题，培养理解能力和控制能力，形成科学严密的思维习惯。游戏能够为学生的数学学习提供平台，使其在积累数学知识的同时实现智力、能力的发展。

学生在游戏活动中理解掌握游戏的规则，在执行游戏规则的过程中发展控制能力，做到学习为游戏服务，游戏为学生的学习提供平台，促使其逻辑思维能力更加科学和严密。

整合数学的课程内容

结构决定品质，课程结构决定着人才培养的规格与层次。为实现课程目标，清华附小精简、整合国家课程，补充适合的校本课程，逐步形成了一套基于国家课程且高于国家标准的、符合清华附小学生发展需求的、科学的清华附小“1+X 本校课程”体系。当下，整合数学的课程结构和具体课程内容如下表所示。

课程结构	占　比	课程内容
“1”：优化整合的国家基础性课程	约 70%	生活数学
		数 - 科整合
		数学实践
		文化体验
		小课题研究
“X”：实现个性化发展的特色化课程	约 30%	清华少儿数学
		数学阅读
		游戏与探索（1—4 年级） 数学建模（5—6 年级）

为了适应整合、改革后的课程内容，学校在保证课时总量不变的前提下，将原来固定的每节课 40 分钟，变为长短不一的大、小课时。

“大课时”60 分钟，主要安排小课题研究及数学建模、数 - 科科学整合等课程，使学生能够在较长的时间内，进入情境，深入研究，同时有充分的时间进行实践操作和质疑辨析。调整后的大课时使学生能够更好地运用自主、合作、探究的学习方式开展学习。

“基础课时”35 分钟，主要进行整合的国家基础性课程，如生活数学、文化体验等课程的学习，同时要求教师必须带领学生精学精练。课堂要以动力值、方法值、意义值和容量值四个增值点考量学生的学习是否有效，努力让“精讲精练、增效减负”成为课堂增值的途径。

整合数学的学习方式

基于 iPad 的小组化学习是整合数学的重要学习方式。iPad 为学生提供了动手操作和全程参与的机会，记录了学生的学习过程，呈现了学生的思维路径，体现了电子书包、学科教学精细化的整合优势，是“1+X 课程”整合学习方式的新载体。

在这样的学习方式中，通过自主探讨、分组讨论、合作探究，发挥学生的积极主动性，促进学生的交流与合作。

自主、合作、基于 iPad 的小组化学习，在整合数学教学中有着其他学习方式无法代替的优势，它可以让每一个学生在探究数学问题的活动中，全面体验数学知识的形成过程，了解所学知识是怎么得来的。

在自主、合作、探究活动中，学生还可以经历发现问题、分析问题和解决问题的过程，有助于培养学生提出问题和解决问题的意识与能力，也有利于提升学生的学习力。

历经数年，清华附小数学团队形成了基于数学课程标准，结合各种版本数学教材的知识体系的教学策略成果——《小学数学乐学手册》。《小学数学乐学手册》中的乐学设计分为预学单、共学单和延学单，将“学生前测”引入常态化教学。孩子们带着问题走进课堂，以问题驱动的方式再思考，提高探究起点，增强了教学的实效性，体现了科学地教、轻松地学。

——预学单：引导学生预学并主动质疑，预学单是寻找学习起点的载体，课前学生带着“预学”中的问题走进课堂，“学”有目标性。小组内交流预学情况，筛选供全班交流的问题（如下面的图表所示）。

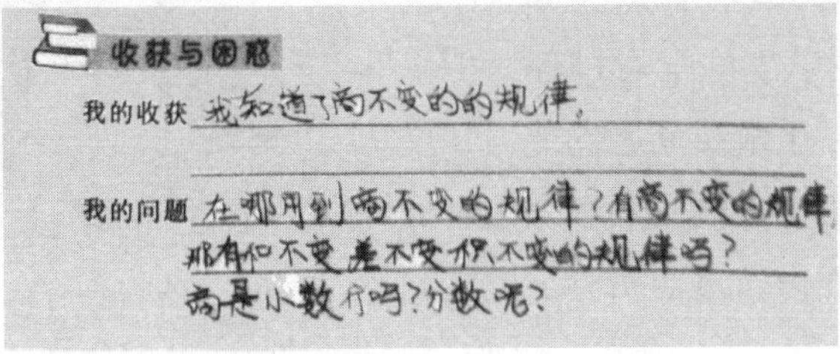
收获与困惑

我的收获 我知道了商不变的规律。

我的问题 在哪用到商不变的规律？有商不变的规律那有和不变差不变积不变的规律吗？商是小数行吗？分数呢？

我的收获	知道了分数加减法计算时只加分子。 $\frac{1}{4}+\frac{2}{4}=\frac{3}{4}$ $\frac{2}{8}+\frac{3}{8}=\frac{5}{8}$
我的问题	分子怎么进位呢？ $\frac{2}{8}+\frac{7}{8}=\frac{4}{9}$

——共学单：在数学学习活动中师生共同质疑，合作解决问题。共学单是小组化学习的载体，是为满足学生学习的需要而做的“乐学设计”。

——延学单：鼓励学生应用数学解决实际问题，是教与学的增长点，更是检测学习实效性的载体。共学后生成更高层次的问题（如下图所示），课后学生带着更高的渴求与问题走出课堂，“学”有方向性和提升性。教师让出课堂舞台，改变“自编、自导、自演”的教学方式，专心做好“编”和“导”。在小组化学习中回归启发式教学，把精力用在突出重点、突破难点上。

回音壁

新的收获	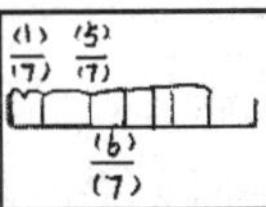 $(\frac{1}{7})+(\frac{5}{7})=(\frac{6}{7})$
新的问题	$\frac{1}{4}+\frac{1}{8}$ 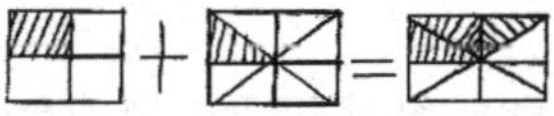

基于 iPad 的小组化学习方式，凸显“一单（乐学单）、一问（质疑）、一练（延学单）”（如右图所示），关注学生的学习过程，不仅重视培养学生解决问题的能力，更重视培养学生发现问题和提出有价值问题的能力，进而培养学生的创新能力。

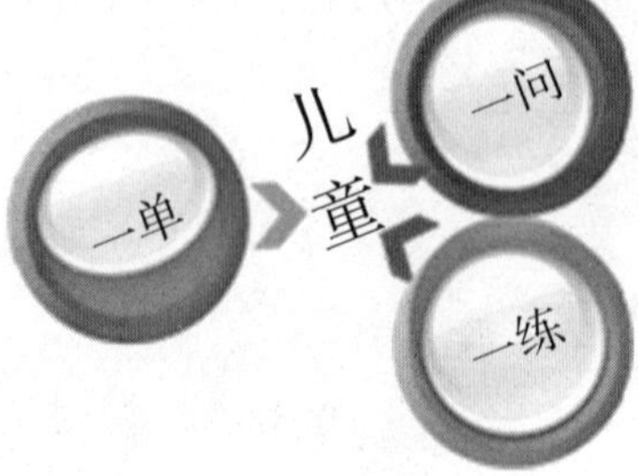

我们也知道，单靠学生来探究有时是难以解决问题的。因此，教师课堂上的的价值就在于创设合适的探索点，让学生经历充分的探索活动，获得必要的数学活动经历。实际上，“自主、合作、探究”与“模仿、训练”的方法并不是对立的，要大力改善课堂讲授、模仿、训练的质量，提倡互动式指导，处理好两者的关系，这对于创设和谐的、大气的、大器的数学课堂，实现“我们是用数学教人的”，具有重要意义。

从某种意义上说，数学学习就是“发现问题，提出问题，分析问题，解决问题”的周而复始的过程。在小组学习中，通过自主学习、伙伴互助实现分担与分享，进而实现“活泼但理智，个性但认同，聪明但不偏颇”的全面而又个性的发展。“我们组的想法是……”；“我给 ×× 补充……”；“我不同意 ×× 的观点，我想说……”；“我还有个问题……”；……于是，学生的学习热情被激发了，思维被激活了，思想被解放了。

小组化学习包括了大量的同伴间探讨、亲身体验、小老师等活动，使学生在与同伴相处交往的过程中，有效、高效地学习，建立起友好、信任及依赖关系，遇到不能满足自己或不顺心的事时学会忍耐和谦让，养成平静而执著、谦逊而无畏的品格——指向完整的人的教育。

在这样的课堂结构里面，既有线性关系的先演讲再预学交流再共学，又有非线性关系的共学和质疑环节的穿插。就是在这样的结构化过程中，学生回归了，教师回归了。

教师在小组化学习中彻底回归启发式教学，把精力更多地用在如何引导学生提问上。老师退到了课堂后面，站在了孩子的旁边、后面，适当时候站在前面，处在“推手”的位置，特殊时候做“舵手”，更多的时候做“帮手”。

整合数学的展望

一、教师是关键，要深化整合观念，提高整合水平

1. 教师的关键地位

教师作为整合数学的主体，对于整合数学有着关键性的作用，是影响整合实施的一个重要因素。教师对整合数学的影响主要体现在以下两个方面：

其一，教师对待整合这个主题的信念和态度与整合的效果及课堂实践是相关的，教师的态度是影响整合实施效果的一个主要因素。

其二，教师自身具备的其他学科知识是影响整合实施的又一个重要因素。因为整合所达到的程度取决于教师是否形成了对学科内容以及学科之间概念联系的坚实、透彻理解，取决于教师在解释学科领域中的关键概念、原理、原则和理论所使用的例子、数据及来自多种学科和文化的信息，一个授课深入浅出、对教材驾轻就熟的教师的背后一定是对学科教育教学精深到位的理解和把握。

2. 教师在整合数学中存在的问题

（1）教师的知识结构过于“专业化”。这种“专业化”的文化知识结构与整合数学在某种程度上是不相容的，究其原因，很大程度上是由我国的基础教育制度、师范教育制度、教师培训制度及内容的缺失造成的。

首先，传统的分科教学影响根深蒂固，教师也是经历学校教育

发展而来的。教师接受的教育是分科教育，这对教师知识结构的影响是不言而喻的。

其次，培养当前教师的师范教育仍是以分科教育为主，分专业培养数学、语文、物理、化学等学科的教师，不同专业的教师在客观上很难获得其他学课的教育。

最后，教师入职后会接受多种多样的教师培训，但是关于教师本学科之外知识的培训是缺失的，缺少再去深入研究其他学科教学的实践机会，当然自身也缺乏实践的能力。

（2）教师的视角过于“分科化”，教师只是分科课程的实施者，未能成为课程的建设者。现代教育在中国产生起，中国的学校教育就是以分科教学为主。经过一百多年的发展，学科越来越细化，分科思想根深蒂固。教师只关注本学科的发展，缺少联系和发展的教育眼光。

2001 年教育部印发的《基础教育课程改革纲要（试行）》中指出：小学阶段以综合课程为主，初中阶段设置分科与综合相结合的课程，高中以分科课程为主；从小学至高中设置综合实践活动。虽说十多年的课程改革已经取得一定的效果，但是教育是一个周期较长的过程，教师仍需要时间内化综合发展的课程观、教育观、人才观。

（3）教师缺乏整合思维，必须转变以往只注重本学科发展的认识，进而牢固树立为以培养“完整的人”为目标的全学科课程思想，为学生“聪慧高尚的人生”奠定人文素养、科学素养的底子。

3. 改进问题的策略

第一，需要加强以整合为目的的教师教育及培训。教师是影响数学与科学等课程整合实施的关键因素。然而，一般教师的教学准备都是单一学科取向的，缺乏对其他学科知识的准备，从而出现一个严峻的问题：教师如何能够胜任促进学科渗透的任务？要解决这个问题，必须加强以整合为目的的教师教育，提升教师进行跨学科知识整合的能力，这样才能真正落实整合数学。

第二，充实教师整合数学的知识能力。整合数学的知识能力包括理解课程整合的理论基础，熟悉并能根据学生、学校和知识的实际灵活应用，整合数学的各种形式，准确寻找数学的联系点、盲点、渗透点和残缺点，有效整合数学。

第三，建立整合型教师队伍，切实提升教师的整合型专业发展。课程整合不仅要把课程内容结合起来，更要把教师结合起来。高效的整合数学，需要整合型教师团队的有力支撑。整合型教师队伍是指具有不同学科知识和整合思维的教师队伍，他们可共同合作，开发整合数学课程。不同的教师具有不同的文化和背景，建立共同的教师文化，发展教师间的沟通交流合作，是建立整合型教师队伍的关键。

二、改善整合的外部环境

一些客观因素也会影响整合实施的效果。这些客观因素中，关键的一环是整合的外部环境。整合的外部环境，包括支持性的课程材料的开发、精确评价学生进步的方法、职前和在职教师教育的转变、学生和社会普遍的支持与认可等。

整合数学是学校课程整合的一部分，整个学校形成整合的氛围，是整合数学重要的外部环境支撑之一。改善外部环境，需要以下几个方面的努力：

其一，整合数学需要强有力的管理支持。整合数学的计划、实施都离不开学校的行政支持。首先，在整合计划的制订上，需要制订全校的统一计划，保证“整合行动”的有效性。其次，在教师等资源的分配上需要统筹整合。因为每个年级的数学知识特点和学生身心特点都不相同，整合的重点也不相同，所以教师等资源的配备也要“因地制宜、因人制宜”。

其二，加强家校合作，形成以学校为核心，家庭、社会共同支撑的良好外部环境。整合数学既是知识的整合，更是以学生为中心的知情意行的整合。整合数学是为了发展“完整人格”，这与家庭和社会的支持是离不开的。

其三，整合数学是长期的可持续的动态过程，所以要用长远的发展的眼光进行整合。我们小学阶段的整合数学，并不是只是着眼于小学阶段的发展，而是致力于为学生中学、大学，乃至终身的学习发展奠基。这才是指向综合素养的整合数学的最终目的。

整合数学是一项具有生命力的课程整合，我们需要在坚持已有改革与实践的基础上，继续寻求整合的更大发展空间。必须突破数学与其他知识资源的表层相关，实现从表层相关到逻辑统整、从工具嬗越到价值体认、从学科素养到人的和谐的整合目标，积极探索各种范围的整合及相应的有效方式，力求多方位、多层次、多方式地开展整合数学。

三、整合数学的评价体系要科学

评价不是目的，评价只是手段，是对整合数学的反馈，是为了促进整合数学的不断完善。没有评价的整合数学是没有生命力和发展的。

学生纸笔测验的常规评价方式——一张卷子定胜负，方式过于单一，其本身具有许多无法克服的缺点：过于强化回忆或背诵性的学习，忽略了学生理解与反省的重要性；误导学生潜移默化地相信“每个问题都有一个正确的答案”；强化学生的答题训练，使学生看到试题时，无须多加思考便可套入公式获得解答，从而抹杀了学生的学习主动性和知识建构性；无法真实地测量出学生知识技能发展的水平，更不能说明学生所具有的潜能。同时，在评价学生学业成果上，教师是权威也是裁判，更多的时候是以固定、单一的标准评定学生学习的好坏，在测验成绩单上并未呈现出任何学生确实能做到或完成的工作；即使学生获得高分，也不能表示他们真的已具备课程中所学到的知识和技能，或能在生活实际中解决问题。那么，在评价学生的素质发展时，如何才能真正做到“以人为本”呢？清华附小进行了学生素质评价的改革：

现在的评价，我们不但关注学生学习的学业结果，而且关注学生数学学习的过程；现在的评价，我们不但关注学生对知识技能的掌握，而且关注在数学思考、问题解决和情感态度等方面的表现。评价不是目的，我们的评价是让学生都在数学的学习中获得自尊自信，获得成功的体验，品味数学学习的乐趣，掌握必备的数学知识、技能。

整合数学以学生为中心，指向综合素养。在整合数学的学习中，学生得到的，不仅是知识，还有一种态度，一种方法，一种认识世界、解决问题的方式。而“考什么”“怎样考”和“怎样看待考试结果”决定了教师教的方向和学生学的方向。所以，发挥考评的反馈、导向、激励功能，引导学生注重平时的学习，使教学始终处于积极状态，是整合数学力争达到的目标。每个学期，低年级以分项过关的形式考评，中高年级以“学习习惯与态度、笔试、动手操作”这三项为主进行学业水平综合评定，评价形式分自评和他评两种方式。比如单元学习情感态度的自评互评，见下表。

单元学习情感态度评价单

<table>
<tr><th colspan="2">项目</th><th>表现</th><th>分值</th><th>自评</th><th>互评</th><th>合计</th></tr>
<tr><td colspan="2" rowspan="3">预学</td><td>能完成预学单。</td><td>1</td><td></td><td></td><td rowspan="3"></td></tr>
<tr><td>能按时完成预学单，并能提出问题。</td><td>4</td><td></td><td></td></tr>
<tr><td>高质量完成预学单，能提出有价值的问题。</td><td>5</td><td></td><td></td></tr>
<tr><td rowspan="3">共学</td><td rowspan="3">参与</td><td>我总对大家做的事情不感兴趣。</td><td>1</td><td></td><td></td><td rowspan="3"></td></tr>
<tr><td>偶尔做做其他事。</td><td>3</td><td></td><td></td></tr>
<tr><td>积极参与课堂小组化学习活动。</td><td>5</td><td></td><td></td></tr>
</table>

续表

项目		表现	分值	自评	互评	合计
共学	倾听	经常不注意倾听伙伴的发言。	1			
		专心倾听别人发言，欣赏伙伴的发言。	3			
		专心倾听别人发言，欣赏伙伴的发言并有自己的想法。	5			
	交流	能主动表达自己的想法。	2			
		能从伙伴发言中受启发，完善自己的见解，清晰表达。	3			
		发言能够代表小组观点，发言流畅自信。	5			
延学	完成	经常不能及时上交作业。	1			
		按时完成作业。	4			
		按时完成作业，书写工整、质量高。	5			
	改错	能及时改正错题。	2			
		能够按时改正错题，能反思自己的错题原因。	3			
		积极主动地改正错题，在反思中不断提高。	5			

在这个单元的学习中，我的情感态度评价得到了________分，我会继续努力，让我们一起加油吧！

随着学校“1+X课程”改革的全面推进和不断深化，合理的学生素质评价体系的建构与完善，对学生学习方式和教师角色的定位会起到有效的监控与促进作用，也势必进一步促进学生的健康发展。

第二章

学科内整合

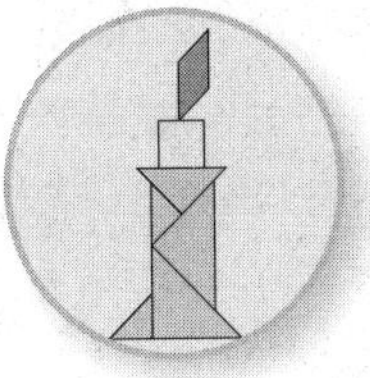

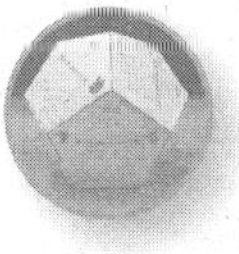

学科内整合概述

伴随整合理念的不断拓展和深入，各个学者对整合课程的类型有不同的理解。如：雅各布斯根据整合程度的不同，把整合课程分为学科本位、并行式学科、多元学科、科技整合单元、统整日和完全课程；台湾教育学家黄译莹根据整合的不同主体将整合课程的方式分为学科统整课程、己课统整课程、己我统整课程、己世统整课程，己课统整课程即个人与学习内容的整合，己我统整课程即个人自我意识与身心的整合，己世统整课程即个人与社会、世界的整合。

根据教师、学生、学校等的实际情况，在充分尊重教材内容体系的前提下，我们将整合数学分为以下几类：学科内整合、学科间整合和课内外整合。

一般来说，最直观、最基础、最容易实现的课程整合，即相邻知识的整合，也可称为学科内整合，指对教材的整合。它包括两种方式，一种是横向整合，一种是纵向整合。

整合数学的学科内整合，即数学内整合。按照学科的知识特点和体系特征，数学在横向上可分为四大领域：数与代数、图形与几何、统计与概率、综合实践。所谓横向整合是指四个领域内相关数学知识的打破和重组。

根据学生的身心发展特点以及认知规律，以数学的知识体系为轴，义务教育在纵向上可分为三个学段：1—3 年级、4—6 年级和 7—9 年级。纵向整合是对教材内容顺序的调整，即将不同学段的某一领域的数学知识以纵深的串联形式重组。

通常情况下，这两种整合方式是交叉进行的，既是对教材内容的补充、拓展，也是对教材内容顺序的调整，对学习内容的结构性重组。按照时间范围的长短，学科内整合通常分为：单元整合，学期整合，学年整合。虽说当前的教育实际上仍是分科课程为主，但是综合课程是发展趋势。在这个背景下的数学内整合多指对数学教材内容的统整，如对不同版本的教材的统整，不同领域的数学知识的统整，不同阶段的数学知识的统整等等。本文认为单纯的教材整合未免太过狭窄，对整个数学知识资源的整合才是全面的数学内整合。

根据整合的结构的不同，学科内整合可以有不同的形式。美国学者福格蒂将学科内整合分为三种类型。

第一，分立式：不同教师在不同的时间段负责不同学科的教学，学科之间相互孤立。但是在同一门学科内，可以根据不同的主题、概念和技能对学科内容进行系统的组织。①

第二，连接式：这种整合方式关注的是一门学科内部的细节与相互关联，强调一门学科内部的主题与主题、技能与技能、概念与概念之间的联系，整合有助于学习者将学科组织成一个相互联系的整体，但各个学科之间仍是相互孤立的。②

第三，嵌套式：又可以称为巢穴式。以科目内容为技巧、概念和态度的参照架构，主题和单元是吸引相关领域学习资源的载体，从学科内容中选择一个主题、单元或概念，然后将这一课或单元相关的数个其他的概念或技巧作为附加的教学目标，形成一个单一学科内多层面自然连接的巢穴。③

本文所认为的数学的学科内整合，以学生的特点、需求为出发

---

① 李顺．课程整合的主题学习模式 [D]. 南京师范大学，2004.

② 同上。

③ 李玉珠．学科课程整合的实践探索、问题及思考 [D]. 首都师范大学，2007.

点，寻找数学知识、方法的整合点，将各种相关的学习资源进行整合，在尽量不改变教材体系的前提下，拓展教材的内容，增加知识的广度和深度（但不是难度），达到课程资源的最大优化，从而更适于学生的学习和发展，这也可以称为学习资源的整合。

数学内整合以某个知识点为核心，辐射教材内外，整合与其相联系的数学知识，达到知识的拓展和加深。当然，数学内整合是以知识为中心，并不意味着是以发展学生的知识能力为目标。在整合数学知识的同时，也是对学生学习方法、情感态度的整合。

学科内整合的实践

数与代数领域

数与代数领域，包括数的概念，数的运算，数量的估计，字母表示数、方程等，从数的认识到数的运算再延伸到方程和解方程。

从数的角度上看，小学阶段重点研究常量，适度延伸到变量；从关系的角度上看，小学阶段重点研究数量关系中的等量关系。

数与代数领域的内容是小学数学的重要内容。就其素材而言，存在大量对立统一的素材，诸如正数与负数、加法与减法、乘法与除法、常量与变量、精确与近似等等；就其研究过程而言，已知与未知、特殊与一般、抽象与具体等等对立统一的概念也比比皆是，其中的教育价值需要引起我们足够的重视，如刻画数量关系的重要语言——数和符号、刻画数量关系的数学模型——方程、函数雏形（如正比例、反比例）等，将是培养学生的“数感、符号意识、模型思想”的很好载体。

在小学阶段，数与代数领域内容的学习，可以让学生不断增进对数学的亲近感，体会到数学与现实生活的密切联系，认识到数、符号是刻画现实世界数量关系的重要语言——数学是世界通用语言，从而认识到数学是解决实际问题和进行交流的重要工具，感受到数学的价值……凡此种种，都将对培养学生的综合素养、促进学生的全面可持续发展，具有极其重要的意义。

◆一节课能走多远

——基于研究方法启蒙的商不变规律的学习

单元目标

1. 知识与技能

【理解】在实际的学习情境中，正确理解路程、时间与速度之间的关系。

【掌握】（1）能正确笔算三位数除两位数的除法。（2）会进行整数四则混合运算（不超过三步）。

【运用】（1）能运用商不变的规律进行简便运算。（2）能灵活运用商不变的规律解释生活中的现象，解决相关的简算问题。（3）能正确地运用路程、时间与速度之间的关系，解决生活中的简单问题。

2. 经验与思想

【经历】经历探索的过程，发现商不变的规律。

【体验】利用不完全归纳法，在动态背景下感受变与不变的对立统一关系，渗透函数思想。

【探索】结合实际的学习情境，探索除数是两位数的除法的计算方法。

3. 情感与习惯

【情感】经历探索活动，充分激发主动参与数学学习的兴趣，提高学习数学的积极性。

【价值】在动态背景下感受变与不变的对立统一关系，渗透函数思想，提高观察概括能力。

【习惯】在数学学习中养成乐于思考、勇于质疑、及时反思的好习惯。

课例分享

一、教学背景

1. 教材分析

商不变的规律一课是整合数学中一节学科内数学研究方法的整合课、奠基课。

商不变的规律是进行除法简便运算的依据，是小数除法计算的依据，更是学习分数的基本性质、比的基本性质的基础。而商不变的规律、分数的基本性质、比的基本性质一脉相承，贯穿在整数除法、小数除法、分数、比的研究中，从这个角度上说，商不变的规律对学生来说就显得尤为重要了，商不变规律的研究方法更为重要，直接影响学生对后续相关内容的学习。

教材先是通过对乘、除以整十整百整千进而乘、除以非整十整百整千的系列算式的分析、比较，引导学生探索商不变时被除数、除数的变化规律。本节课就是要引导学生经历探索的过程，发现商不变的规律，会灵活运用，口算相关除法，并在此过程中培养观察、概括以及发现规律、探索新知的能力。

2. 核心数学思想分析

数学知识与数学思想方法是数学教学的两条主线。数学知识是一条明线，一般会明明白白地写在教材中，而数学思想方法是一条暗线，需要我们去挖掘、提炼，并贯彻到教学中。苏步青说过："看书要看到底，书要看透，要看到书背面的东西。"这里书背面的东西就是数学知识背后的数学思想。"商不变的规律"一课体现了数学中一种非常重要的思想：函数思想。这节课就是要引导学生把握并刻画变化中的不变，感受变化的是过程，不变的是规律（关系）。而对于学生而言，愿意去发现规律并能够将规律表述出来的意识和能力，就是函数思想在教学中的渗透。

3. 学生情况分析

（1）研究素材分析。

教材上呈现的素材如下：

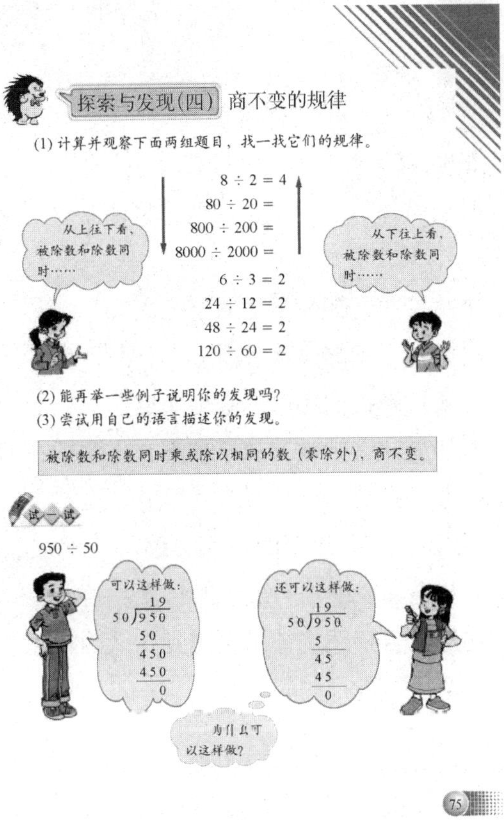

探索与发现（四） 商不变的规律

(1) 计算并观察下面两组题目，找一找它们的规律。

$8 \div 2 = 4$

$80 \div 20 =$

$800 \div 200 =$

$8000 \div 2000 =$

从上往下看，被除数和除数同时……

从下往上看，被除数和除数同时……

$6 \div 3 = 2$

$24 \div 12 = 2$

$48 \div 24 = 2$

$120 \div 60 = 2$

(2) 能再举一些例子说明你的发现吗？

(3) 尝试用自己的语言描述你的发现。

被除数和除数同时乘或除以相同的数（零除外），商不变。

试一试

$950 \div 50$

可以这样做：

50)950 商19：50，450，450，0

还可以这样做：

5̸0)95̸0 商19：5，45，45，0

为什么可以这样做？

75

面对这样的研究素材，学生的第一反应是什么呢？为此我找了十个同学做了访谈：

观察下面四个算式，你想说什么？（给20秒钟思考）

$8 \div 2=$

$80 \div 20=$

$800 \div 200=$

$8000 \div 2000=$

学生回答：

①不就是削几个0吗？（3人）

②末尾少了0。（1人）

③扩大10倍，扩大100倍……增加10倍，增加100倍……（4人）

……

通过学生的回答，我们可以看出，面对这样的研究素材，学生容易上手，但从另外一个角度也说明这样的素材对学生的挑战不大。基于这样的结果，我感觉可以把教材中（1）（2）两部分素材合二为一，增加挑战性，提高学生的研究兴趣。

（2）描述规律时用到的语言分析。

从上面的访谈结果我们还可以看出两点：

①学生习惯从上往下观察，疏于从下往上观察，即习惯正向思考，疏于逆向思考。

②学生尝试用生活中常用的扩大、缩小、增加、减少描述变化，但混淆扩大与增加、缩小与减少的含义。

究竟学生在用语言描述规律时会遇到什么困难呢？带着这个问题，我又进一步对学生进行调研。

调研人数：四（6）班29人。时间：2009年10月19日。

请你列式计算：

①把12扩大2倍是多少？

②把12增加2倍是多少？

调研结果如下：

题号	正确人数 / 百分率	错误举例
①	27人 / 93.1%	2×12=24，12+24=36；12×2=24，24×2=48
②	17人 / 58.6%	12×2=24（5人）；12×12=144（3人）； 12＋2=14（2人）；未作答2人

由此可见，对于扩大，大多数学生能够将之和乘法相联系，但用到增加，则有近一半的学生存在着错误的认识。这也从一个侧面说明教材里叙述商不变规律时不说扩大缩小、不说增加减少，而说乘、除以的原因了。面对这样的情况，教学中需要引导学生结合具体实例，用语言简洁地描述发现的规律，相机澄清此类错误的认识，无疑这是我需要在教学中加以解决的问题。

（3）研究方法分析。

研究商不变的规律，教材呈现的研究方法是不完全归纳法，而不完全归纳法是小学常用的研究方法，应该说之前学生是有所接触的，比如在前面研究积的变化规律时就曾用到过，本节需要进一步感受这种研究问题的方法，并在研究过程中，感受变与不变的辩证统一。知识，学生所欲也；方法，亦学生所欲也：二者必须得兼。那么，如何引导学生感受研究方法呢？以往的教学经验告诉我，规律得出后，学生全面举例验证规律的意识不是很强，而实例验证又是运用不完全归纳法探究问题的重要环节之一，看来验证环节需要在教学中花力气去设计。为此，学生得出初步规律后，在接下来验证的过程中我设计了两个核心问题：

问题一：规律可靠吗？请你举几个例子验证我们发现的规律。

问题二：能不能举几个例了说明我们发现的规律不对？

4. 我的思考

（1）合情猜想，合作探究。

课堂教学中教会学生合情猜想，对小学生来说尤为重要。在课堂中应引导学生自己动脑分析除法算式，提出猜想，研究猜想的合理性。通过猜想—修正—再猜想—再修正……逐步获得商不变的规律。

（2）不断反思，增强问题意识。

学生对商不变规律的理解是一个螺旋上升、不断完善加深的过程，因此在教学中需要不断地引导学生反思自己的思维过程，增强探究过程中的问题意识。

（3）透过思想方法探究规律。

函数思想是本节课的核心数学思想，要引导学生利用不完全归纳法，通过对“变与不变”的不断深入思考，慢慢理解商不变的规律。特别是在举例验证规律的环节中，我设计了一个问题，即找不符合规律的例子，力求一石激起千层浪，通过学生绞尽脑汁举的所谓“反例”，不断完善、加深学生对商不变规律的理解。

二、本课学习过程与学习资源设计

乐学目标：

（1）在小组化学习中经历探索的过程，发现商不变的规律。

（2）在动态背景下感受变与不变的对立统一关系，渗透函数思想，提高观察概括能力。

（3）养成乐于思考、勇于质疑、及时反思的习惯。

学习重点：商不变规律的理解。

学习难点：商不变规律的理解、掌握及应用。

学具：练习纸。

学习过程预设：35 分钟。

课前游戏：5 分钟。

出示：1，（2），（4），（8）……

先出第一个，剩下的由学生依次来猜，看谁猜得准。

师：做完游戏，你有什么话要说？

（意图：简单的猜数游戏，试图引导学生初步感受到有比较才有变化，变化是在比较中发现的；此外，利用不完全归纳法探究问题，数据过少得出的猜想有时是不可靠的，需要适时地验证以支撑这个猜想。）

1. 小组交流预学单并作修改

（1）口算：

$6 \div 3 =$

$12 \div 6 =$

36 ÷ 18=

20 ÷ 10=

200 ÷ 100=

36 ÷ 18=

24 ÷ 6=

师：想说点什么吗？

师：（比较这组算式）有什么发现？有什么问题要问吗？（什么变了，什么没变）

板书：被除数、除数——→变——→商不变

（意图：整十整百数和非整十整百数混在一起呈现，增加挑战性，最后一题 24 ÷ 6=4，计算时很容易出错，顺口说出 2，反思后，促使学生重新审视这组口算题，进而聚焦其他商不变的题目，激发学生的好奇心以及研究欲望。）

（2）小组内聊一聊你的收获与困惑。

梳理出学生的问题：

①被除数、除数怎么变，商才会不变呢？

②在哪儿用到了商不变规律？

③有“和不变、差不变、积不变”的规律吗？

④商是小数、分数行吗？

下图所示是一个学生的收获和问题：

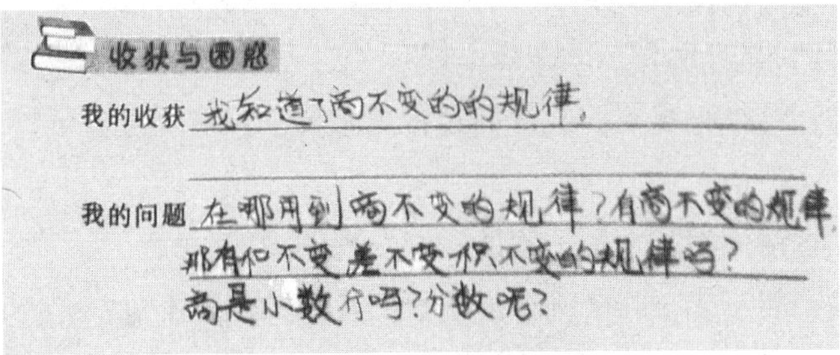

2. 小组化共学

（1）聚焦问题：被除数、除数怎么变，商才会不变呢？

（2）探究规律。

①探讨研究的方法。

师：研究这个问题，我们需要做什么准备呢？

师：用一个除法算式行不行？给几个好呢？

师：确实是越多越好。但太多了分析起来不太方便。一般情况下都要先集中研究一组算式，得出一个初步的结论，然后再举些例子，看是不是都符合刚才的猜想，如果出现不符合的情况，就要重新思考我们的结论。

（意图：引导学生认识到研究问题需要结合研究目的，准备适当的研究素材，包括数量的多少、素材的选择等，这里教师引导的是研究的方法、意识等。）

②合作探究。

小组合作：

$6 \div 3 = 2$

$12 \div 6 = 2$

$36 \div 18 = 2$

第一，研究一下被除数、除数怎样变化商会不变，说出你们的猜想。

第二，汇报交流学生的研究：关注学生描述规律时的语言；关注从上往下分析的同时要关注由下往上的研究。

第三，课件演示学生的研究过程，板书初步结论。

第四，验证。

师：结果很重要，验证的过程更重要。只有经过验证，结果才可信。

师：请你举几个例子验证我们发现的规律。

师：能不能举几个例子说明我们发现的规律不对？

解决研究中可能遇到的问题如下。

问题1：看不出被除数、除数是怎么变化的。

$4 \div 2 = 2$

6 ÷ 3=2

8 ÷ 4=2

问题 2：这能说明商不变吗？

7 ÷ 2=3…… 1

14 ÷ 4=3…… 2

28 ÷ 8=3…… 4

问题 3：0 怎么处理？

6 ÷ 2=3

0 ÷ 0=

怎么调整我们的结论？

（意图：猜想—修正—再猜想—再修正……逐步获得商不变的规律。找一个不符合规律的例子，力求一石激起千层浪，通过学生绞尽脑汁举的所谓“反例”，不断地加深他们对商不变规律的理解。）

③质疑：加减真的不行吗？

（意图：打通学生研究时出现的不同结论，再次感受商不变规律的普遍性。）

④质疑：为什么商变了？

回头看：6 ÷ 3 =2，12 ÷ 6 –2，36 ÷ 18–2，为什么 24 ÷ 6 的商变了？如何调整商会不变？

（意图：首尾呼应，再次感受商不变的规律。）

师：看来，对商不变的规律我们要全面地理解。只有当被除数和除数同时乘或除以相同的数，商才不变。说说你对商不变的规律的理解。

⑤理解规律。

为什么被除数和除数同时乘或除以相同的数（0 除外）商不变？道理是什么？

让学生尝试说，再配课件说明。

（意图：力求从除法意义上理解商不变的规律；动态呈现，渗透函数思想。)

(3)化认知:用规律,解决问题。

①在生活中存在商不变的现象吗?你能举例说一说吗?

在学生举例的基础上,教师出示课件(如下所示)并提问:什么变了?什么不变?

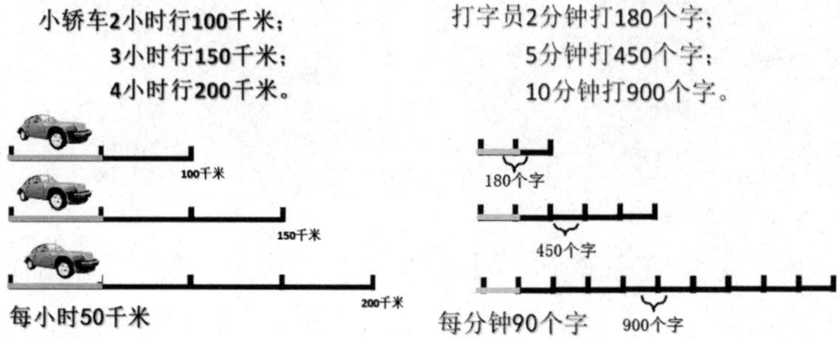

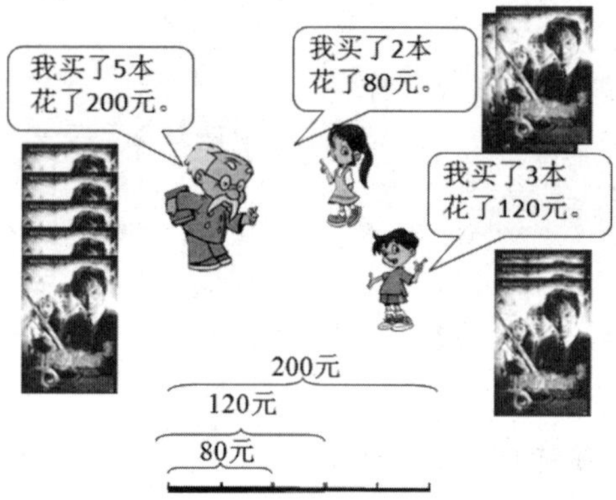

②质疑:为什么同时乘或除以相同的数(0除外)商不变?能不能说说其中的道理?

③我们什么时候用过商不变的规律?

(意图:贯通知识前后间的联系。)

(4)全课小结。

你有什么收获?还想研究什么问题?你还有什么新的问题?

附：学习效果评价设计

1. 口算

（80×2）÷（20×2）=

（80÷2）÷（20÷2）=

（80÷10）÷（20÷10）=

（80×123）÷（20×123）=

（80×5）÷（20×2）=

（80÷4）÷（20÷2）=

（80+10）÷（20+10）=

（意图：考察学生对商不变的规律的掌握情况，观察学生的辨析能力。）

2. 你有什么收获？有什么感受？

（意图：考查学生对不完全归纳法的感悟情况，提升学生的问题意识和反思意识。）

◆从“运算”走向“关系”

——基于学生认知困惑，整合学习资源的研究

单元目标

1. 知识与技能

【了解】认识正比例和反比例；知道比例尺的含义。

【理解】会用自己的语言描述两个变化的量之间的关系，分清什么时候成正比例关系，什么时候成反比例关系。

【掌握】（1）能找出生活中成正比例和成反比例关系的实例。（2）能根据给出的有正比例和反比例关系的数据在方格纸上画图，并根据其中一个量的值估计另一个量的值。

【运用】运用正比例、反比例和比例尺的有关知识，通过测量、

绘图、估算、计算等活动，解决生活中的一些实际问题，提高对数学知识的应用能力。

2. 经验与思想

【体验】（1）结合具体情境，体会生活中存在着大量互相依赖的变量。（2）通过观察、操作与交流，体会比例尺产生的必要性和实际意义。

【探索】经历探索变化的量及变化关系（如正、反比例关系）的过程，渗透函数思想。

3. 情感与习惯

【情感】通过观察、操作等活动，感受生活中丰富多彩的变化的量，激发研究的兴趣。

【价值】利用正比例、反比例以及比例尺的知识，解决一些简单的实际问题，感受正比例、反比例关系以及比例尺在生活中的广泛应用。

【习惯】初步学会用变化的眼光看待问题，养成乐于思考、质疑的良好习惯。

单元思考

1. 为什么是"变化的量"而不是"变量"？

什么是变量？变量是函数中的一个固有概念，简单地说就是变化的量，本单元之所以没有采用数学味道更强的"变量"作为研究对象，而是采用了相对生活化的"变化的量"作为研究对象，其目的不是去研究函数，而是要借助大量学生熟悉的生活素材让学生感受变量之间的关系，就是说教材的教学定位不是要帮助学生建构"变量"的科学概念，而是透过"变量"的现实原型——"变化的量"来让学生感受变量之间的关系。

2. 为什么本单元中要加入"变化的量"一课？

"变化的量"是本单元中的第一课，教材呈现了三个具体情境，鼓励学生在观察、思考、讨论和交流中，知道在生活情境中，存在着大量互相依赖的变量，开始尝试从数学的角度研究变量和变量之间的关系，即一个量变化，另一个量也会随着发生变化，两个变量之间存在着关系。对变量之间关系的探索、描述在小学阶段并没有正式开始，但早期对函数的了解，对中学正式学习函数是十分重要的。而之前探索数、形的变化规律，字母表示数等，就是为研究变量之间的关系积累经验。

教材中，第一个情境（小明的体重）用表格描述变化的量；第二个情境（骆驼的体温）用图来描述变化的量，需要让学生用文字语言描述它们的变化情况；第三个数学情境（蟋蟀叫的次数与气温的近似关系）是用文字语言来描述的，需要学生将之转换为数学关系式，即气温$h = t \div 7 + 3$。

细读教材，我们不难看出，这三个情境分别用表格、图和关系式呈现变量之间的关系，意图是使学生体会表示变量之间关系的多种形式，尝试用自己的语言描述两个变量之间的变化，感受数学中存在着大量互相依赖的变量。这也为后面学习正比例、反比例打下了基础，同时渗透了函数思想。

这节课的价值究竟是什么呢？我们知道对函数的表示有很多种，如数值表示（表格）、图象表示、解析式（关系式）表示，这三种表示方法在中学正式学习函数时也是经常用到的。本单元从本节课开始尝试利用三种表示方法对相关事物进行大致的描述，而这需要学生在大量情境中获得丰富的经历和感受。正是基于这样的考虑，教材编排了这部分内容。

3. 正反比例单元中为什么不安排“比例”这部分内容?

之所以不安排“比例”这部分内容，一是由于教材把重心放在了让学生感受变量和变量之间的关系、渗透函数思想上；二是突出了核心概念的教学，借助“比”的意义理解正反比例，而不是借助“比例”的概念学习概念。“比例”的内容到中学还要继续学习，小学阶段关键是要为中学的学习积累相关活动经验。

具体说，本单元学习正比例和反比例，主要任务是渗透函数思想，研究变化的量，引导学生感受变化的量之间的关系，进而研究变量中成正比例的量和成反比例的量，研究过程中利用正、反比例图象帮助学生理解正反比例的意义，为中学进一步学习这方面的内容打下基础。过去学生学习正、反比例，其目的之一是为了解决一些应用题，而这些应用题不用比例的方法解答，用其他方法解答反而简单，就是说解答正反比例的应用题并非一定要学习比例的基本性质和解比例，学生完全可以应用比的意义等知识加以解答。既然本单元是引导学生感受“函数”的思想，去掉“比例的基本性质”这块内容，既减轻了学生的负担又不影响核心目标的达成，何乐而不为呢?

4. 如何通过活动帮助学生更好地体会变化的量?

要在大量生活情境中，让学生尝试用自己的语言描述变量和变量之间的关系。教材中的素材对学生来说并不陌生，比较贴近学生的生活，各有作用，但数量偏少，不妨再增添几个素材，如单价、数量与总价的关系，速度、时间与路程的关系……就是说，呈现的这些研究素材尽量全一些，如两个量变化和不变。由于正比例与反比例是后续教材研究的重点，因此两个量变化而积、商不变的例子不宜多，也不宜出现对随机变量的描述（如股票），毕竟这样的素材离孩子的生活实际还是比较远的。

5. 如何通过活动帮助学生更好地认识反比例?

理解反比例，进一步认识互相依赖的两个变量的关系，渗透函数思想。类似于正比例，反比例也是数学中非常重要的数量关系，本节课的学习是要引导学生从生活中对大量相关联的量的思考中，针对一类具体问题进行讨论，延续前几节课的研究思路，重视运用三种方式描述两个变量的关系，即表格、图象、解析式。我们要强调列表法，重视画图法，关注解析法。也就是引导学生借助具体数据、直观图象，清楚地观察到数量的变化规律和特点，为判断反比例关系提供丰富的感性材料。对于教授比例关系，尤其是教授反比例关系来说，要让学生思考、辨析、举例，并利用具体数据做支撑，弥补学生目前抽象思维能力还比较弱的不足，以达到认识反比例，理解反比例关系的目的。本节课的重点在于能根据反比例的意义判断两个相关联的量是不是成反比例，并能解决一些简单的生活问题。同时这也是本节课的难点。

课例分享

这是一节基于学生困惑，整合学习资源的课，也是一节即将开始的课内外整合研究——小课题“大树身高”的奠基课。

布鲁纳的发现法理论认为：教学不应当使学生处于被动地接受知识的状态，而应当让学生“亲自把事物整理就绪，使自己成为发现者”。他认为：“发现不仅限于寻求人类尚未知晓的事物，确切地说，它包括用自己的头脑亲自获得知识的一切方法。”为此，我们尝试让学生课前先预学，自主解决各自现有发展区内的问题，课堂上再立足于学生独立学习不能解决的问题进行教学。

学习往往源于问题，有了问题才会激发思考，有了思考才会有解决问题的办法，才能有效地、高质量地解决问题。因此，我试图在课堂中基于问题展开教学，引导学生探讨解决问题的策略和现象背后的规律，以此提高学生的学习和研究意识，实现师生的共同成长。

一、教学背景

1. 教材分析

正比例是新世纪小学数学第十二册的内容，是在学生学习了比的意义、比的化简与应用，体会了生活中存在大量互相依赖的量的基础上，继续从数学的角度研究变量和变量之间的关系。各版本教材是如何编排的呢？如下页表格所示。

从单元编排上看，三个版本的教材，主要内容大同小异，但安排正反比例内容前，人教版、苏教版都不约而同地安排了“比例”这部分内容，而北师大版教材却没有安排，而是增加了“变化的量”一课，从这里可以看出北师大版教材与其他版本教材在定位上还是有差别的。北师大版教材一是把重心放在了让学生感受变量和变量之间的关系、渗透函数思想上；二是突出了核心概念的教学，借助比的意义理解正比例，而不是借助比例的概念学习概念。“比例”的内容到中学还要继续学习，小学阶段关键是要为中学的学习积累相关活动经验。

人教版	苏教版	北师大版
比例的意义和基本性质 比例的意义 比例的基本性质 解比例 **正比例和反比例的意义** 成正比例的量 成反比例的量 **比例的应用** 比例尺 图形的放大与缩小 用比例解决问题	**比例** 比例的意义 比例的基本性质 解比例 比例尺 面积的变化 **正比例和反比例** 成正比例的量 成反比例的量	**正比例和反比例** 变化的量 正比例 画一画 反比例 观察与探究 图形的放缩 比例尺 成反比例的量

对正比例这节课，三个版本的教材都是通过具体的例子帮助学生进行学习，都涉及函数的多种表示，但略有区别（如下表所示）。

	表格	图象	解析式
人教版	√	√	√
苏教版	√	√	√
北师版	√	√	×

	背景数量
人教版	1
苏教版	1
北师版	3

2. 关于教材的思考

（1）函数的多种表示，对帮助学生理解正比例的意义的价值在哪里？

正比例是研究变量之间关系的：一个量的变化会引起另一个量的变化，这个变化是有规律的。要让学生深切体会到这种变化规律，可以通过列表、画图、解析式等多种途径。列表法通过局部变化数值让学生感受到数量的具体变化情况和规律，图象法能直观反映数量的变化特点和趋势，解析式能简洁、精确地概括数量之间的关系。

列表中的具体数值是画图的根据，又是学生找出抽象数量关系、建立关系式的重要基础，而图象法能直观反映数量关系的整体变化趋势。三种表示法从不同的角度，直观、具体、概括地表达了变量与变量之间的关系，对学生理解正比例的意义起到了相得益彰的作用。

（2）丰富的素材对学生理解正比例的意义的价值在哪里？

北师大版教材提供了丰富的素材，有代数的也有几何的，代数的素材主要选择了两个典型的数量关系（路程与时间、总价与数量）进行研究，几何的素材则选取了正方形的周长与边长、正方形的面积与边长进行对比研究。丰富的背景，一方面能帮助学生感受到变量与变量之间的关系是普遍存在的，另一方面也能让学生体会到有一些变量是存在于共同变化的规律中的，在此基础上进行抽象，引出正比例的意义就水到渠成了。

（3）本课的核心数学思想是什么？怎样才算渗透了函数思想？

本课体现了数学中一种非常重要的思想：函数思想。函数是研究现实世界变量之间关系的一个重要模型，也是刻画变量之间相互关系的重要模型。对于小学生而言，能用自己的语言、画图、列式（关系式）描述两个变量之间的关系就是函数思想在教学中的渗透。

3. 学情分析

学生在学习正比例之前具备了一定的知识基础：一是运算基础，二是在算术背景下学习了典型的数量关系，运算的性质、规律等，虽然侧重点在运算，但运算的过程也是体会关系的过程。

学生在学习正比例之前也积累了一定的活动经验：在前期解决问题的过程中积累了大量画图经验，比如折线图、线段图等。另外在看图找关系、点阵中的规律等课的学习中，学生也初步感受了变量之间的关系。同时用字母表示数的学习，既为用字母表示解析式奠定了知识基础，也为探究关系积累了活动经验。

学生会怎样表示两种变量之间的关系呢？我访谈了十名不同水平的学生，题目如下：

淘气在水果店帮爷爷卖苹果，上午的苹果销售情况如下：

一位叔叔用 30 元买了 5 千克；一位阿姨用 24 元买了 4 千克；一位爷爷用 18 元买了 3 千克；一位奶奶用 12 元买了 2 千克。

阅读上面的学习资料，你发现了什么数学信息？你有什么办法表示资料中数量变化的情况？

回答情况汇总：

（1）语言描述（7 人次）。

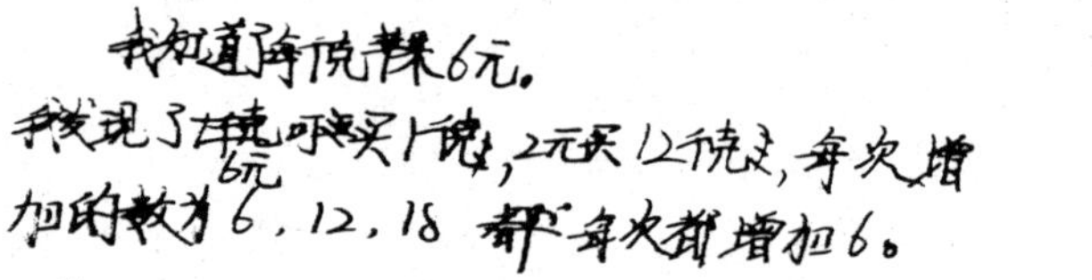

（2）表格描述（5 人次）。

	价格	数量
叔	30元	5kg
阿	24元	4kg
爷	18元	3kg
奶	12	2kg

（3）画图描述（5 人次）。

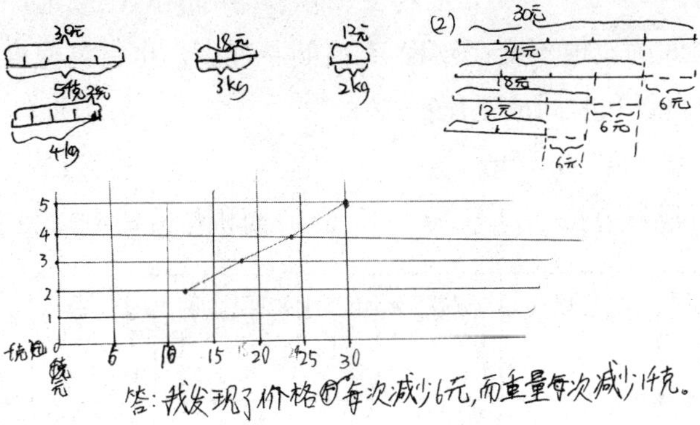

（4）算式描述（4 人次）。

$$30 \div 5 = 24 \div 4 = 18 \div 3 = 12 \div 2 = 6\ (\text{元})$$

访谈结果表明，学生可以利用多种方法表达自己的理解，而且比书上提供的方法多，甚至有学生尝试用图象表示数量的变化情况。

我校本学期开始尝试进行学习方式变革的实践，学习新的内容时要求学生提前预学，课上针对学生的问题进行有针对性的教学，那么学生预学的情况又是怎样的呢？下面是六（1）班 40 名学生参与预学的情况及分析：

（1）课本第 19 页第 1 题。

学生填表没有问题，在回答变化规律是否相同时，有 35 人认为不同。认为相同的同学是由于不理解题意，从其他角度进行表述，如认为都随之扩大，所以规律相同。

（2）课本第 20 页第 2 题、第 3 题。

学生的描述角度是一样的，以第 2 题为例，学生发现的规律如下：

①从“相关联”的角度：汽车走的时间越长，行走的路程就越远；每过一小时路程增加 90 千米。

②从“比值一定”的角度：1∶90=2∶180=3∶270……；时间 ×2……，路程 ×2……，速度不变；路程与时间的比永远都是 90∶1；路程与时间的比值不变；路程 ÷ 时间 = 速度，也就是速度 × 时间 = 路程，路程和时间成正比；……

（3）课本第 21 页想一想。

①周长与边长：

成正比例	没写
35	5

面积与边长：

成正比例	不成正比例	没写	平方比
8	27	4	1

其中认为面积与边长成正比例的典型错误如下：

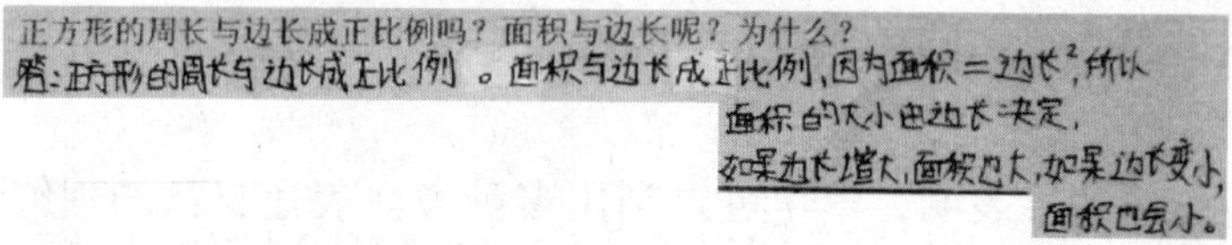
正方形的周长与边长成正比例吗？面积与边长呢？为什么？
答：正方形的周长与边长成正比例。面积与边长成正比例，因为面积＝边长²，所以面积的大小由边长决定，如果边长增大，面积也大，如果边长变小，面积也会小。

②小明和爸爸的年龄变化情况如下，把表填写完整。

小明的年龄 / 岁	6	7	8	9	10	11
爸爸的年龄 / 岁	32	33				

父子的年龄成正比例吗？为什么？

成正比例	不成正比例	没写
19	17	4

大多数学生都能正确填表，但在回答“为什么”时，47.5% 的学生误认为只要存在不变量（年龄差为 26 岁），两种变量就成正比例关系。

4. 关于整合的思考

（1）学生的认知困惑有哪些？

①学生更多的是从增加、减少的角度关注两个关联变量的变化

关系，变化中关注不变的意识不强，尤其是用算式表示不变的意识不强。

②不考虑两种量是否相关联，认为只要比值不变的两种量就成正比例。

③只要两种量同时增加（或减少）且有一个不变量（如差不变），这两种量就成正比例。

因此，透过运算，领会并建立关系，尤其是感受一个量的变化会影响另一个量的变化对学生来说有一定难度。学生之所以不能很好理解是因为这部分内容是学生学习数学的重要转折点，学生要从算术的学习转向代数的学习，从对“数量”的理解转向对“关系”的探讨还需要很长的路要走。

（2）如何帮助学生消除认知困惑，理解正比例的意义？

①对情境设置的思考。

在访谈中我发现，过于熟悉的问题背景激不起学生研究的欲望，类似“路程 ÷ 时间 = 速度”等过于熟悉的背景不能激起学生思维的兴奋。而“测量大树高度”对学生来说有新鲜感，有一定挑战性，容易激起学生探究的欲望。

②对画图价值的思考。

正比例的学习，是学生数学思维方式发生重要转折的开始，即思维从静止走向运动，从离散走向连续，从运算走向关系。教学的着力点不仅仅是引导学生会判断两种相关联的量是否成正比例，同样重要的是引导学生通过画图、找实例交流等活动，体会两个变量之间相互依存的关系，丰富关于变量的经历，为以后学习函数概念打下基础。

学生可以画线段图、示意图、折线图来表示两个关联变量的变化关系，并且隐隐约约地感到正比例图象的特点是一条直线。因此在教学中我们可以梳理线段图与函数图象、算式与函数图象、解析式与函数图象的关系，帮助学生初步体会函数思想。

③对比较的认识。

没有比较是很难清晰地建立概念的，我充分利用教材提供的“比较素材”和学生预学中生成的实例，从正反两方面引导学生进行对比分析，以深刻理解正比例的内涵。

二、本课学习过程与学习资源设计

乐学目标：

（1）通过具体情境，在小组化学习中，认识成正比例的量，初步体会正比例图象的特点和作用，加深对正比例的认识。

（2）能找出生活中成正比例量的实例，并进行交流。

（3）通过观察、比较、判断、归纳等方法，提高用事物相互联系和发展变化的观点来分析问题的意识，渗透函数思想。

1. 课前预学

预学课本第 19 页、20 页和 21 页的想一想部分，并回答相应的问题。

2. 课中共学

（1）创设情境，激发兴趣。

师：我们学校经过抗震加固后校园变得更漂亮了，我照了一些照片，大家欣赏欣赏，放松一下。

（出示一组清华附小校园照片。）

师：校园变美了，变得更有味道了。

①提出问题，聚焦问题。

师：这学期的实践课题就隐藏在这些照片里——测量大树的高度。

（出示校园内一棵树的照片。）

师：有办法测量大树的高度吗？

（学生提供的方法有砍树说、吊车说、影子说……）

师：哪种方法方便我们实践操作呢？

②出示树的影子。

师：可以知道树的高度了吗？

师：哦，要想得出树高还得知道影长与物体高度的关系。影长与物体高度到底有什么关系呢？我们一起上课研究。

③出示表格。

六（1）班同学在同一时间同一地点进行观察实验，测得竹竿的高与竿影的长这样两组数据，如下表所示：

竹竿的高 /m	0.2	0.3	0.4	0.9	1.2	2	……
竿影的长 /m	0.4	0.6	0.8	1.8	2.4	4	……

师：为什么要测量这么多数据？多么严谨的同学呀。

（2）探究问题，感悟关系。

①想一想。

师：看出什么了？

小组内交流：你还有什么方法可以表示竿高与影长这两种量之间的变化关系？（画图、算式……）

②做一做。

师：选一种你喜欢的方法表示这两种量之间的变化关系。

③说一说。

学生展示成果：竹竿影长的示意图；折线图；算式。

师：（指竹竿影长的示意图）发现什么了？（竹竿越高，影子越长）

师：一种量变化，另一种量随着发生变化，这样的两种量我们称之为相关联的两种量。

课件动态演示示意图生成正比例图象的过程（如下所示）。

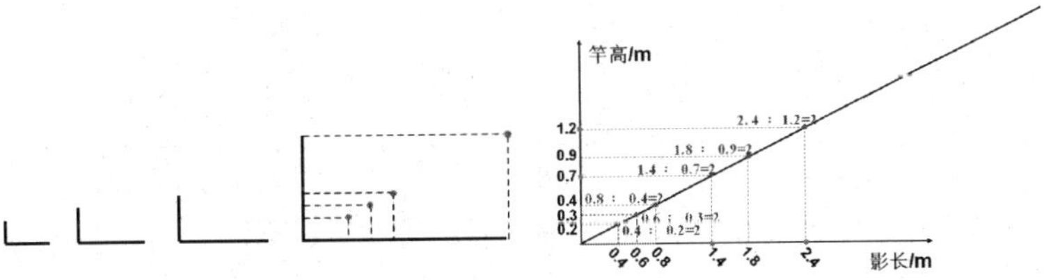

师：这些点一定在一条直线上吗？（随着学生说理由、写出算式）

师：竿高与影长之间还存在着这样的秘密，竹竿变高了，影子的长度也随着变长了，但是谁不变？（它们的商或者是比值不变）

④议一议。

师：根据课前你们的预学，谁能说说竹竿的高和影子的长成正比例关系吗？说一说什么是正比例？

师：究竟两种量是怎么变的？不变的是什么？

师：凡是存在这样关系的两种量，就叫作成正比例关系的量。我们可以说竿高和影长是两种相关联的量，竿高变化，影长随着变化，当竿高与影长的比值一定时，我们就说竿高和影长成正比例关系。

（3）梳理方法，拓展深化。

①反馈（小组内交流）。

说说每组两种量（如下表所示）成正比例吗？为什么？

时间	1	2	3	4	5
路程	90	180	270	360	450

质量 / 千克	10	9	8	7	6	5	4	3
钱数 / 元	30	27	24	21	18	15	12	9

边长 /cm	周长 /cm
1	4

边长 /cm	面积 /cm^2
1	1

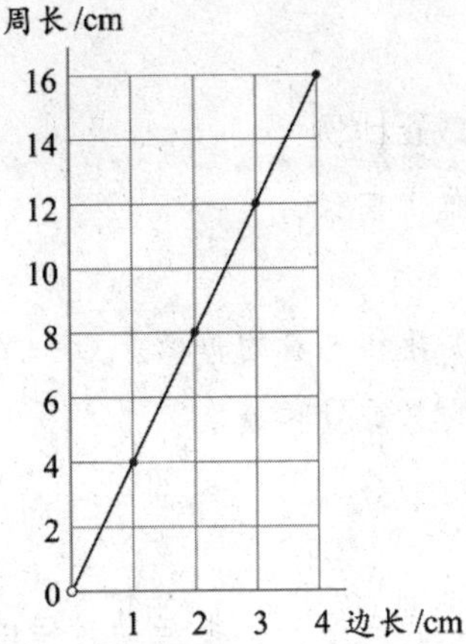

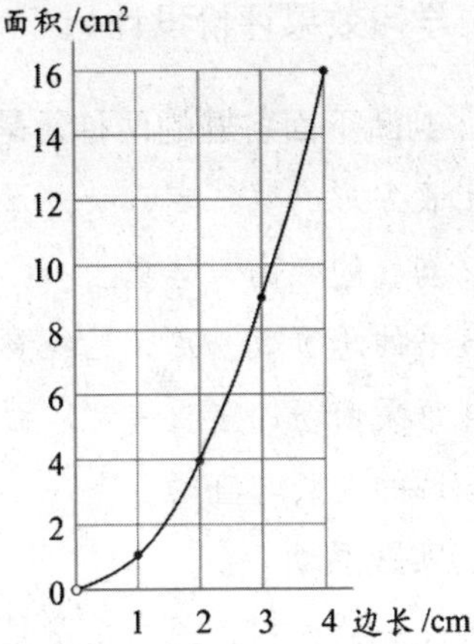

小明的年龄 / 岁	6	7	8	9	10	11	
爸爸的年龄 / 岁	32	33	34	35	36	37	

30 道口算题，做完的题和没做完的题成正比例吗？

②巩固。

判断下面各题的两种量是否成正比例，并说明理由。

- 每袋大米的质量一定，大米的总质量和袋数。
- 一个人的身高和年龄。
- 宽不变，长方形的周长与长。
- 被减数一定，差和减数。

③拓展。

据说，埃及的大金字塔修成一千多年后，没有人能够准确地测出它的高度。有不少人尝试过很多方法，但都没有成功。泰勒斯用数学方法测量出了金字塔的高度。泰勒斯站在金字塔前，让别人测量他影子的长度，当他影子的长度与他的身高完全相等时，他立刻在大金字塔的投影处作一记号，测量出金字塔影子的长度。这样，就得到了金字塔的高度。

想一想，泰勒斯测量金字塔高度的道理是什么？

附 1：学习效果评价设计

1. 判断下面各题的两种量是否成正比例

①长方形的宽一定，长方形的面积和长。

②淘气的身高与体重。

③书的总页数一定，已经看的页数和未看的页数。

④每袋面粉的重量一定，面粉的总重量和袋数。

⑤圆的周长与直径。

2. 实践活动

选择一棵大树，想办法测量出它的高度，汇报活动过程中你的收获。

评价指标（满分 10 分）如下：

评价内容	主题明确	选取合适的手段搜集数据（观察、合理的测量方法等）	关注数据的科学严谨	分析、研究（写出自己的见解，也可以提出自己解决不了的问题等）
分值	1	2	3	4

附 2：课堂实录

1. 创设情境，激发兴趣

师：这学期的实践活动就藏在这里面（出示图片），就是测量大树的高度，有办法吗？

生：就是把一根小木棍，在太阳底下照着，上午或下午有个时间段，大树和影子一样长，小木棍和影子一样长，这时找来卷子，量一量影子就行。

师：完了？你这想法有创意，不禁让我们想起一个成语——

生：立竿见影！

师：还有办法吗？

生：把一棵树按比例缩小。

师：啥意思呀？

生：这棵树原先的大小，你要正着看，是1:1。一个物体，如果缩小到原来的二分之一，那么宽和高都只是原来的一半，它就变小了，所以说是1:2的比例，变小了，更好测量。你可以再把它缩小再缩小，缩到一定程度，拿尺子能量出来，量出来的数据你再扩大，这样就可以知道这棵树原先的高度是多少了。

师：怎么缩啊？

生：照出一张1:1的图片，再一点一点缩。

师：怎么照出1:1的图片？

生：用相机照。

师：这行吗，这个？

生：太有难度了，不太行。还有一种方法就是拿绳子量，虽然不太精准。拿绳子勾在树尖垂下来，把绳子拿下来，量绳子看多长。

师：有人说用影子，有人说用绳子。

生：我这个吊绳子的办法比不过别人，不过也还可以吧。

师：还有什么办法？

生：把树砍倒再量……

师：还有办法吗？

生：看树买的时候多高，长多少年了，差不多平均每年长多少，加起来。

2. 提出问题，聚焦问题

师：目前有这么几种说法：影子说，量量影子，对吧？第二个，吊绳子，对吧？第三个，砍树……哪种办法更方便咱们去实践操作？

生：量影子。

师：影子说，利用物体的影子研究它的高度。那物体的高度跟它的影子，到底有什么关系？里边又有什么学问啊？今天这节课咱就一起来研究。

师：现在我们知道了影子 16m（如下图所示），能知道这棵树有多高吗？

生：我说不能，因为影子 16m，如果阳光照得不是 45° 的话，树高就不能是 16m。如果是 45° 的话，树的高度正好等于影子的高度，那这棵树高就是 16m。

师：谁听懂他的话了？

生：他的意思是，除非太阳 45° 角斜着照射，这样影子的长度才能等于树的高度，当然现在阳光不一定呈 45° 角射过来，所以不一定树的高度就是 16m。

师：就是说，不同的时刻，树的高度会随着它的影子在变，对不对？

生：对，是变量。

师：变量——好一个变化的量。看来要想得出树高还得知道影长与物体高度的关系。影长与物体高度到底有什么关系呢？我们一起来研究。

3. 探究问题，感悟关系

师：下面是六（1）班的同学，在同一时刻，同一地点，进行了观察实验，测得竿高和影长的关系，记录的两组数据：

竹竿的高 /m	0.2	0.3	0.4	0.9	1.2	2	……
竿影的长 /m	0.4	0.6	0.8	1.8	2.4	4	……

师：看出什么来了？不着急，你还有其他的办法，表示竹竿的高度和竿影的长度之间的变化关系吗？还有其他什么方法表述吗？同桌赶紧说说。

（学生交流……）

师：谁来说说可以有什么办法表示竹高和影长的变化关系？

生：可以用折线统计图来表示。

师：还有办法吗？

生：还可以使用线段图。

师：画个折线图，画个线段图，听懂了？还有吗？你想说什么？

生：列个表。

师：列个表找找规律是吗？那这样，找一个你喜欢的办法，在咱们自学单的背面，表示出竿高和影长的变化关系，看看有啥规律。

（学生自己动手操作。）

师：最后两分钟，如果你表示完了，你可以和同桌或小组内交流一下。

师：好，时间到，咱们一起来欣赏一下同学的作品，请第一个同学登场。

生：我就是把表上的几条信息都用上了，用线段图表示，将他们都缩小到十分之一，给画出来了，发现它们是两倍的关系。

师：你问问大家听懂了吗？

生：大家听懂了吗？

生：听懂了。

师：你随便请一位同学，采访采访他，听懂什么了？

（发言者指定一名同学。）

生：从你刚才说的我听懂了，所有的数据都被转化成图，发现了一些倍数关系。

师：是这意思吗？大家听懂了？你看她画的竹竿，越来越长，影子呢？越来越长。对吗？竹竿越来越高，影子越来越长，像这样，一种量变化，另一种量随着发生变化，这样的两种量我们称之为相关联的两种量。前面有同学提出过"变量"这个词，怎么变的？

生：如果一个量变了，另一个量也跟着变，就比如说竿高，竿高变了，变成 0.2m 了，那么影长就变成 0.4m 了，如果竿高变成 0.3m 了，影长就变成 0.6m 了。

师：采访采访大家听懂了吗？

生：大家懂了吗？

师：你问黑板呢？

生：大家懂没懂？

师：你再采访一个人，看他懂没懂。

生：没听懂。

师：那你再说说。

生：就是竿高增加几，影长就增加一个数，它们俩有倍数关系的，如果竿高是 2m，那么影长就是 4m，它们俩是两倍关系，影长是竿高的 2 倍。

师：现在懂没懂？

生：懂了。

师：这叫两种相关联的变量，影长除以竿高等于 2。有的同学可不是这么表示的，他是这么表示的（出示学生的示意图）。

生：我画的是草图，没仔细量，不太容易看出来，差不多能看出来是2倍的关系。

师：哦，研究问题还不能简单地说“差不多呀”！还有同学是这样的（出示表格），谁能看得懂？

生：用表格记录竿影长和竿长，我发现竿长如果是0.2m或0.3m，竿影长就是0.4m或0.6m，0.4和0.6之间相差0.2，0.2和0.3之间相差0.1，0.2÷0.1=2，他们之间应该是2倍关系。

师：两倍是吗？

生：是。

师：竿子的高越来越高，影子也越来越长，到底不变的是什么？

生：倍数关系没变。

师：都是2倍。那这位同学是不是把大家的意思都表示出来了？

生：是的，影子的长除以竹竿的高都是等于2。

师：都是等于2，没变对吗？这在数学上有个词叫——一定。我们把大家的想法汇总一下。

（出示课件。）

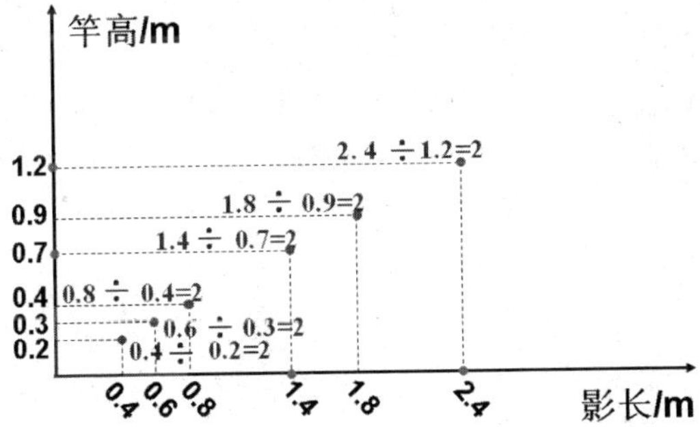

师：竹竿越来越高，影子也越来越长，能看懂吗？比如说，竹竿0.7m，影子多长？

生：1.4m。

师：如果影子 2.4m 呢？

生：竹竿 1.2m。

师：那我们想象一下，这些点连起来，会什么样？

生：折线。

师：什么样的折线？刚才我就看有的同学是这样连的（出示一学生的作品），大家请看，看懂这个同学的作品啦？

生：看懂了。

师：还有的同学是这样连的（出示另一名学生的作品），你同意哪个？

生：前一个。

师：后一个怎么了？

生：太乱了。

师：大家对你的建议是整洁一些。他为什么连的不是一条直线？

生：画的每个格子都是长方形。

生：长方形没什么，每个长方形大小都不一样。这样画出的线可能就不能表示出正确的关系。

师：听懂大家对你的建议了吗？你画了一张草图，大家对你的建议是，刻度不一样，那我们连的应该是一条？

生：折线。

师：打弯儿吗？

生：不打弯。

师：怎么就不打弯？

生：如果影长是 2.4m，竿高是 100m，一定会打弯儿。

师：没听懂，你问问大家。

生：听懂了吗？

生：没有。

师：看来你还得和大家解释解释。

生：这个竿高和影长的数值是可以变大的，只有保持倍数关系不变，才会不打弯。比如竿高是2.5，那影长就是5，因为影长和竿高成2倍关系，2.5×2=5。而如果竿高2.5，影长不是5，就会打弯。

师：大家听懂没？你还想表达，你说。

生：他没说单位。

师：你太严谨了，但是我们这里默认是m。这个点表示的是竿高和影长的关系是2.4÷1.2=2，下一个点呢？

生：1.8÷0.9=2，1.4÷0.7=2，0.8÷0.4=2，0.6÷0.3=2，0.4÷0.2=2。

师：现在我是不是就可以放心地连了？是一条？

生：直线

师：能延长吗？

生：能。

师：如果我测量的数据再多一些，是不是就可以继续延长下去（如下图所示），对吗？

生：对。

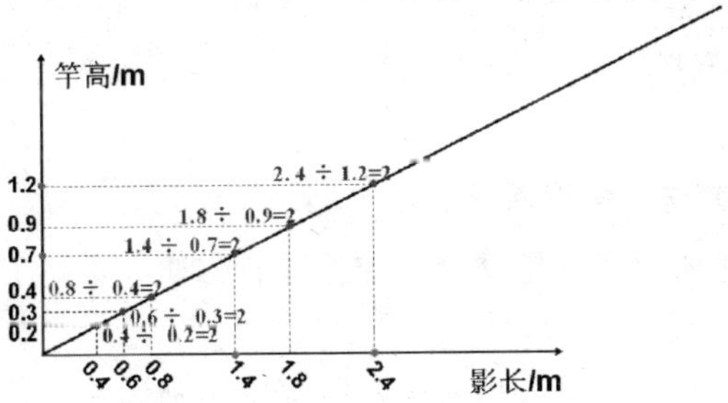

师：像刚才我们研究的，两种相关联的量，一种量变了，另一种量也随着变，我们就称之为成正比例关系。请你在小组内，结合昨天的自学和今天上课的交流，说说什么叫两个量成正比例关系。

（小组讨论。）

师：谁来汇报你们小组的想法？

生：我们认为，这个正比例，首先要有普通关系，其次还要有倍数关系，大家听懂了吗？

生：没有。请问什么叫普通关系？请问什么叫倍数关系？如何产生普通关系？如何产生倍数关系？

师：说得好！问得好！请你回答。

生：普通关系就像我和谁的年龄，每一年都在增长，这就是普通关系。这两数之间还存在一个倍数关系。

师：哦，这两个量得有关系，比如年龄和身高，得有关系，但只有关系也不行，还得有什么？

生：特殊关系。

师：你们说这特殊关系指什么？

生：倍数关系。

师：光有特殊关系，比如有这倍数关系还不行，还得什么？

生：我举个例子来说明。两个相关联的变量，比如说，这个数是1，另外一个就是2，这个数是2，另外一个就是4……

师：这个特殊关系是，这两个数的商是一定的，是不变的。是这样吗？

生：是。

4. 梳理方法，拓展深化

师：拿出昨天的自学单，交流交流，你昨天填对了吗？

（小组交流。）

师：路程和时间成正比例关系吗？说说理由吧。

时间	1	2	3	4	5
路程	90	180	270	360	450

生：我根据时间1、路程90，时间2、路程180得出来个算式，即路程 ÷ 时间 = 速度，90 ÷ 1=90成立，再验证180 ÷ 2=90，也成立。

师：他不但判断了，而且还做了验证，特别好。同意？都得90。你还想说什么？

生：路程和时间在同一速度下成正比，时间和速度在同一路程下成反比，就是说路程90km，行驶了2h，说明速度是45km/h。

师：你说的是反比例，以后还会研究，先说正比例，可以吗？你真棒。看下一张表格，买苹果的总钱数和买的数量成正比例吗？

质量 /kg	10	9	8	7	6	5	4	3
钱数 / 元	30	27	24	21	18	15	12	9

生：成。

师：理由？

生：每千克的钱数都是相等的，所以总钱数越来越少，买的千克数也越来越少，但是它们的单价是相等的，都是3元。

生：那干脆用个字母代替，比如说用Y表示路程、总价，X表示时间、购买的数量，可以吧？ Y÷X=一定的数。

师：干脆“一定的数”也用个字母代替吧。

生：N。

师：行，就是N。但是这里一定要声明，N是一定的，Y和X这俩是相关联的量，X变大了，Y也得——

生：变大。

师：X变小了？

生：Y也得变小。

师：不变的是什么？

生：N。

师：N，就是这个商一定，我们称Y和X是成正比例关系的两种量。你们太善于学习了。

师：正方形的边长和周长（如下图所示），你们看看成正比例关系吗？

生：成。

师：用解释吗？

生：不用。

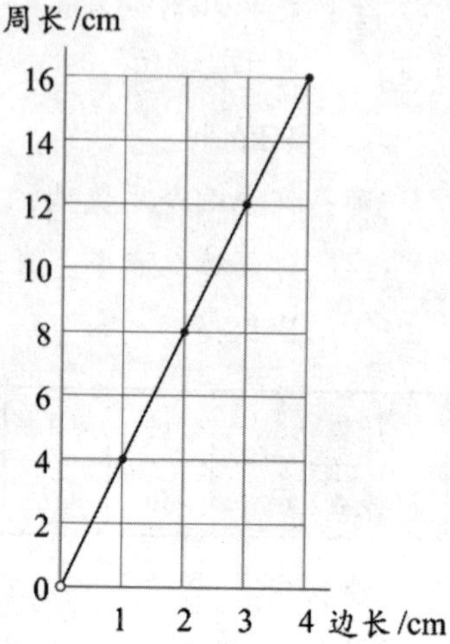

师：边长和面积（如右下图所示）呢？

师：大家有疑问了，有人说反比，成正比例吗？

生：不成。

师：这不挺好的嘛不是？边长变大了，面积也变大了。

生：商不一样。

师：谁给大家讲讲？

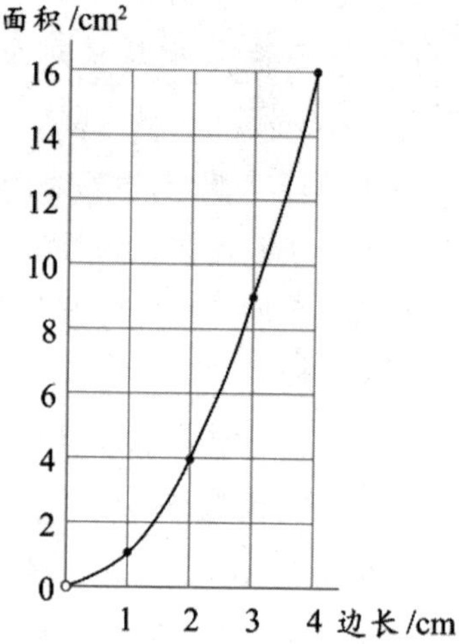

生：面积 1 除以边长 1 等于 1，而面积 4 除以边长 2 等于 2，所以不是正比例。

师：懂她的意思吗？一票否决。

生：而且还不是反比，因为反比是在同一单位下，有相关联的两个量，一个在变大，另外一个在变小。

师：真好！反正它不成正比例！

生：要是我，我一眼看出这不成正比例，猜猜我怎么看的？

生：可以看这个图，它不是一条直线。

师：这还有学问呢！你从这幅图中看出了什么？

生：这幅图中的线是弯的，是一条曲线。

师：厉害！不计算了，看图也行啊！

师：小明的爸爸和小明的年龄（如下表所示）成正比例关系吗？

小明的年龄 / 岁	6	7	8	9	10	11
爸爸的年龄 / 岁	32	33	34	35	36	37

生：不成。

师：理由？

生：小明的爸爸和小明的年龄不成正比例关系，因为他们的年龄之间没有一定的倍数关系。

师：你采访下大家，听懂了吗？

生：大家听懂了吗？谁还有问题？

师：我没懂，怎么叫没有一定的倍数关系？

生：比如说 32 除以 6 大概是 5 点多，可是 37 除以 11 只是 3 点多，这个商，哦，也就是比值不是固定的数，总在不断地变化。

师：明白？

生：明白了。

师：一票否决，不相等是吗？真有才！

师：30 道口算题，做完的和没做完的题，成正比例关系吗？

生：不成。

生：我认为不成立。

师：有认为成正比例关系吗？——哦，你认为成正比例关系，请陈述理由。

生：有可能成，也有可能不成。

师：哦，这个观点挺新奇的！这话听懂了？他说可能成，可能不成，那？

生：举个例子看看。

生：我做了一道半……

师：别，咱别一道半，口算题哪有一道半的？

生：那我就做了 2 道，剩下 28 道，28 ÷ 2=14，如果我要做 20 道题，剩下 10 道题，20 ÷ 10=2，哎？那我说有时候成正比例关系。

师：有时候成正比例关系，什么意思？

生：有时候成正比例关系，比如我做了四分之一、三分之一，不就成正比例了吗？

师：四分之一、三分之一就成了？谁懂啊？

生：我们没懂。

生：比如说这个口算题，是 60 道题，比较好算嘛！我做了四分之一就是 15 道，没做的除以做完的正好得 4——哦？不对呀……

师：没做完的 45 道，做完的 15 道。

生：哦，正好得 3。如果我做了三分之一，做完了 20 道题，剩下 40 道题，40 ÷ 20，哦，不行，不行！

师：我太欣赏你了。同学们，你们知道我欣赏他哪一点？——就是在不断地举例中，不断地在思考中发现自己思维的漏洞，特别好，掌声送给他，请坐。

师：宽不变，长方形的周长与长成正比例吗？

师：有人说不成正比例，现在谁不同意？就他一人，还有吗？不好意思，你孤单了。可有时候真理掌握在少数人手里呀，你讲讲你的想法吧。

生：举个例子，举个例子。（其他学生七嘴八舌）

生：宽是 2，长是 5，周长是 14，宽加 1……（其他学生：宽不变）

师：又在思考中发现问题，宽永远是不变的。

生：长加 1 是 6，周长是 16。

师：商相等吗？

生：不相等，不成正比例。

师：是不是又和大家学了一招？举个例子不就全解决了嘛。
师：被减数一定，差和减数成正比例吗？
生：成。
师：谁说成正比例关系？请举手。
生：改了！
师：那你说你为什么改了，怎么又不成正比例关系了？
生：被减数是15，减数是5，差是10，哎，不用举例了。
师：不用举例吗？
生：不用啦！
师：为什么？
生：差和减数，不成倍数关系呀。所以差和减数不成正比例。

5. 质疑

师：好了，同学们！学问，学问，边学边问才是学问，想想我们还有什么问题没解决呢？
生：大树的身高还不知道呢。
师：是呀，走得太远，别忘了为什么来呀！研究完正比例，现在能不能知道，这棵树有多高？
生：16÷2=8（m）。
师：是不是我们随便找一个影子，找一棵树，量完影子，比如量完影子是8m，那这棵树就是4m？
生：不一定。
师：为什么？
生：必须考虑是同一时刻，同一地点。
师：据说，埃及的大金字塔修成一千多年后，没有人能够准确地测出它的高度。有不少人尝试过很多方法，但都没有成功。泰勒斯却用数学方法测量出了金字塔的高度。你们知道他是怎么做的吗？
生：用影子！
师：对！泰勒斯站在金字塔前，让别人测量他影子的长度，当他影子的长度与他的身高完全相等时，他立刻在大金字塔的投影处作一记号，测量出金字塔影子的长度。这样，就得到了金字塔的高度。

生：泰勒斯太厉害了，这时影子长度 ÷ 金字塔高度 =1，如果换个时刻，影子长度与金字塔高度的比值不是 1 也可以解决问题。

师：说得好！这学期咱的实践活动就是测量一棵树的高度，在这个过程里面写出你的收获或者是感受（评价标准见下表）。

评价内容	主题明确	选取合适的方法搜集所需要的数据（观察、合理的测量方法）	关注数据的科学严谨	分析、研究（写出自己的见解，也可以提出自己解决不了的问题）
分值	1	2	3	4

师：快下课了，这节课你有什么收获？有什么想法吗？还有什么问题吗？

生：我有一个想法，正比例好像是除法的性质，反比例好像是乘法的性质，就是说同时除以一个数，商不变，这是除法的性质；a×b 是一个数，a 乘以一个数，b 再除以一个数，积不变，或者 a 除以一个数，b 乘以一个数，积也不变，不过那个数是相同的，就是乘法的性质。

师：就是需要这种深入思考问题的精神！

生：我同意他的话，路程、速度、时间这三个量，路程除以时间得到的速度是一定的，路程和时间就成正比例关系，然后时间乘以速度得到的路程是一定的，就成反比例关系。

师：听懂了没有？

生：路程除以时间得到速度，速度一定，路程和时间就成正比例关系。

师：这节课先上到这里。下课！

生：老师再见。

◆基于生活情境整合的百分数学习

单元目标

1. 知识技能

【了解】经历从实际情景中抽象出百分数的过程，了解百分数产生的必要性。

【理解】在操作、讨论过程中理解百分数的意义，会正确读、写百分数。

【掌握】在具体情境中，能运用百分数表示事物，掌握百分数与小数、分数之间互化的方法。

【运用】运用百分数的相关知识解决简单的实际问题。

2. 经验与思想

【经历】经历从实际情境中抽象出百分数的过程。

【体验】结合具体情境，体会百分数与生活的密切关系，即引入百分数的必要性；体会分数、百分数、小数互化的必要性。

【探索】（1）在具体情境中，探索百分数的意义。（2）探索百分数与分数、小数之间互化的方法。（3）探索运用百分数相关知识解决简单的实际问题。

3. 情感与习惯

【情感】经历从实际情境抽象出百分数的过程，体会数学的简洁美，培养学习数学的兴趣。

【价值】感受百分数在现实生活中的应用价值。

【习惯】（1）在探索引入百分数的必要性的过程中，培养求实精神以及反思的习惯。（2）在解决简单的实际问题的过程中，培养积极动脑、勤于思考的好习惯。

单元思考

本单元的主要内容包括：百分数的意义，小数、百分数、分数之间的互化，百分数的应用，利用方程解决简单的百分数问题等。

百分数是小学数学知识概念体系中的一个基本概念。和分数、比一样，百分数着重关注两个量之间的关系，但在其中又起着“承上启下”的作用。各种版本的小学数学教材都把百分数作为一个独立单元，在学生掌握了整数、小数、分数概念的基础上进行设计编排。其中“百分数的意义”又是这一单元中的重要内容。

一般来说，当下进行百分数教学一般按照这个思路设计并实施，即突出“比较”的功能性：在解决实际问题时，需要用分数形式表示两个量的比率。为了便于“比较”，需要用分母是 100 的分数表示，进而概括百分数的含义，最后在比较与应用中深化理解。基于此思路，课上教学主要围绕“为什么要用比率表示？为什么要用分母是 100 的分数形式表示？百分数的含义是什么？”等问题展开。在现实情境中抽象出百分数，突出百分数作为模型的作用。

利用百分数进行比较，对学生而言也是比较方法上从绝对数量的比较到相对数量的比较的一个跨越。

当然，引入百分数时，也可以让学生课前收集一些百分数资料，课上交流资料中的百分数的含义，由此引入百分数。

课例分享

一、教学背景

1. 教材分析

“数与代数”在小学阶段数学课程中占有重要地位，有着重要的教育价值。其中理解数的意义是“数与代数”领域的重要任务，小学阶段学生要学习整数、小数、分数、百分数、比等概念。其中分数、百分数、比的概念都着重关注两个量之间的关系。而百分数在其中有着“承上启下”的作用（如下图所示），正确理解百分数的意义，不仅有助于学生加深对于分数意义的理解，而且会为学生后续学习比的知识打下坚实基础。

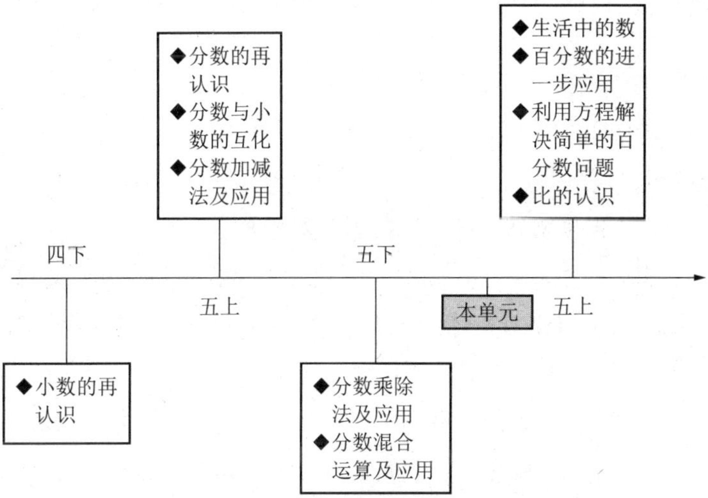

有关百分数的这一单元的教学是在学生学过整数、小数特别是分数的意义和应用的基础上进行的，要指导学生从比率、度量、运作、商四个基本维度理解分数的意义，这是学习百分数的重要基础。

在小学阶段，学生主要会从倍、分数、比逐步认识和理解两个数之间的关系。百分数是表示两个量相比较的结果，可以理解为“统一标准”的比。学好百分数会为学生后续学习比的知识打下坚实基础。

2. 我的思考

（1）改变数据以凸显学习百分数的必要性。

在实际生活中，百分数更多地出现在统计领域。北师大版教材强化了百分数便于比较的功能，但踢球者总数和种子总数都是100

的因数。这种情况下学生“别无选择”，不易体会引入百分数的必要性，并且容易使学生简单地将百分数与分母是100的分数等同起来。因此不妨将教材中的数据改成更为一般化的数据，让学生更加深刻地体会利用百分数来比较的便利性。

（2）理清分数与百分数的联系和区别。

百分数与分数究竟有什么联系和区别是学生理解百分数意义的重要一环，也是学生学习百分数的难点。要理清它们之间的联系、区别必须建立在对百分数意义的理解之上，而对百分数意义的理解又源于学生对分数意义的理解，这就为本节课确定了教学的起点和知识前后呈现的顺序。

（3）增加“部分占部分”的百分数素材。

百分数概念的内涵是表示两个数量之间的比率，外延是这两个数量可以是“部分与整体的关系”，也可以是“两个独立数量之间的关系”。当这两个数量是“部分与整体的关系”时，百分数不可以大于100%；当这两个数量是“两个独立数量之间的关系”时，百分数可以大于100%。

而北师大版教材提供的学习材料（如出勤率、城市的绿化率、衬衣的含棉率、食物中蛋白质的含量等）中百分数所表示的两个数量都局限于“部分与整体的关系”，只在呈现百分数的概念时出现了唯一大于100%的百分数（117.5%），并没有真正涉及两个独立数量的比率。因此有必要在教学中呈现“部分与部分”的百分比，帮助学生完整地把握百分数的内涵。

二、本课学习过程与学习资源设计

乐学目标：

（1）通过大量生活中的实例，感受百分数在生活中的广泛应用，体会百分数存在的必要性，感受百分数存在的价值。

（2）理解百分数的意义，能正确地读写百分数。

重点和难点：理解百分数的意义。

1. 预学反馈

（1）问题预设。

①上课之前，请同学们在生活中找一个百分数，从哪找到的？（学生汇报）

出示：网上的“80%”——100 000 000 条相关的信息。

②昨天大家对“百分数”一课做了预学，小组交流你们的收获以及需要在全班交流讨论的问题。

师：布置了几件事？学数学是要善于提取信息的呀！方向清楚了，才知道往哪走呀！

（2）聊收获。

师：学数学很重要的是提问题。（生活中人们干吗那么喜欢用百分数？有什么好处呀？）

预设：

①百分数是分母是 100 的分数，表示一个数是另一个数的百分之几。

②分数线很明显，百分数和分数差不多，写法上是在原来分子上加个什么号？书上有写的。

③表示中奖概率。

④百分数表示数量之间的关系——表示关系。

⑤分数也可表示关系，一个数的$\frac{1}{2}$就可以写成 50%。

师：对呀，有时候用分数，有时候用百分数，对生活中很多事物的描述并没有到全部用百分数而不用分数的程度啊！

（3）梳理问题：

聊着聊着就说到问题了，我们把大家的问题写在黑板上，免得一会儿忘掉，有哪些问题需要咱们全班一起研究呢？

①含义：百分数到底是什么？表示关系还是表示数量？

②用途：分数也能表示关系，干吗非要用百分数，没事整事？什么情况下用？怎么用？做什么用？有什么好处？？

③异同：分数与百分数有什么区别？

师：三个问题中，你们觉得哪个问题研究清楚了，有助于其他问题的解决？问题有大小，抓住核心问题，其他小问题迎刃而解。

师：哪个问题重点研究？我讲给你们听，还是你们自己来？（这么有自信，就是要相信自己有能力把这个事儿办了，我看你们行。）

师：研究几个数据？（1 个数据？ 300 个数据？）

2. 合作探究

（1）含义探究。

中国人口占世界的 20%；

中国耕地占世界耕地的 7%；

最新人口普查结果：51.27% 的人口是男性。

①读一读。

师：为了交流方便，请你选一个数据。

师：带着昨天你预学的经历，带着刚才大家交流的收获，我建议你们用自己喜欢的方式表示信息中百分数的含义，当然你可以画一画示意图。

小组探究，尝试用各种方式表示百分数的含义。

②说一说。

问题预设：

a. 百格图：阴影部分表示信息中的什么？整个正方形表示什么？这幅图表示了谁是谁的 20%？

b. 线段图：平均分成 5 份，画了 1 份，1 份表示信息中的什么？整条线段表示什么？谁是谁的 20%？

c. 在我们看来，这个部分（指 1 份）不是全部的$\frac{1}{5}$吗？怎么会是 20% 呢？

$$\frac{1}{5} \rightarrow \frac{1\times 20}{5\times 20} = \frac{20}{100} = 20\%$$

d. 不同的图都表示出了 20%（板书 20%），表示谁和谁是相比较的关系？

在随机指导中，注意纠错，相机讲写法。

③深化“百格图”。

师：还看出了什么？（其他国家人口是 80%）是谁和谁比较的结果呢？

a. 7% 也在百格图中表示，涂几格？涂色部分表示什么？整个在正方形表示什么？这幅图表示了谁是谁的 7%？

b. “男性人口占 51.27%”呢？

④拓展。

a. 据统计，中国人每次外出就餐平均浪费 20%。

b. 每年，全球粮食总量的 33.3% 被浪费。

c. 全球粮食年浪费量 13 亿吨，相当于全球谷物的 50%。

师：就餐时，我们花钱了，但是资源是大家的，我们的挥霍伴随着别人的饥饿。

师：百分数表示了一个什么样的关系？

⑤试一试。

a. 五一优惠活动，优惠后的价格是原价的（　　）。

b. 我的衬衣含棉（　　）。

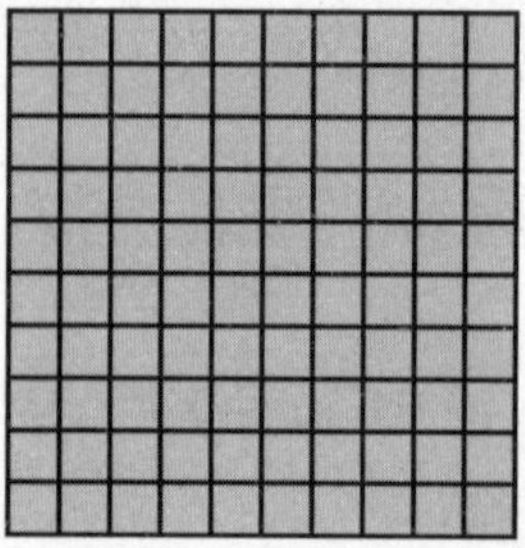

c. 下面的百格图中，你找到了哪些百分数？

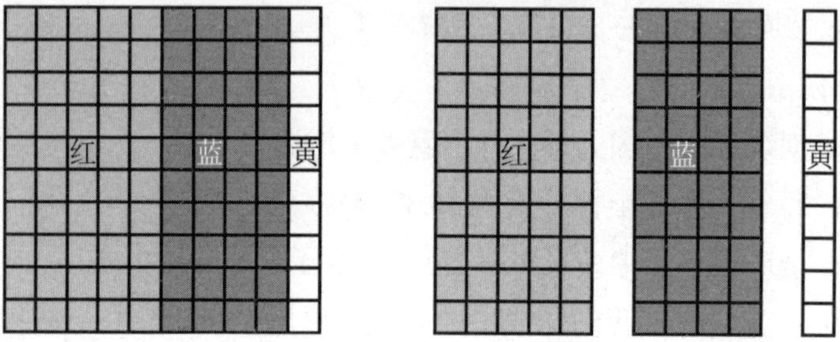

⑥质疑。

百分数的含义是什么？你对百分数的含义有了什么新的认识？

（2）分数、百分数的异同。

百分数可表示部分与整体的关系，也可表示部分与部分的关系。

师：$\frac{4}{5}$与 80%，你觉得填哪个数合适？

a. 女生人数是男生人数的（　　）。

b. 一段木头长（　　）米。

（3）百分数的好处。

下表为第七次全国森林资源清查数据。什么叫覆盖率？谁跟谁比？你觉得百分数有什么好？

地　区	森林面积	森林覆盖率
北　京	52.05 万公顷	31.72%
天　津	9.32 万公顷	8.24%

续表

地　区	森林面积	森林覆盖率
河　北	418.33 万公顷	22.29%
山　西	221.11 万公顷	14.12%
内蒙古	2366.40 万公顷	20.00%

3. 再次质疑

师：对百分数你还有什么不懂的，可以提问。

预设：

a. 有没有十分数、千分数、万分数？

b. 是不是分数能百分之百地化成百分数？

c. 我在电视上听到什么增长几个百分点，那是不是百分数？

d. 百分数为什么不约分？

e. 0% 是不是百分数？

f. 如何把小数、分数、循环小数化成百分数？

……

师：刚才有同学提到了千分数，看看下面两张表：

年　份	出生率
1996	16.98‰
1997	16.57‰
1998	15.64‰
1999	14.64‰
2000	14.03‰
2001	13.38‰
2002	12.86‰
2003	12.41‰

年　份	出生率
2004	12.29‰
2005	12.40‰
2006	12.09‰
2007	12.10‰
2008	12.14‰
2009	11.95‰
2010	11.90‰
2011	11.93‰

师：看到什么信息了？百分数不也挺好的嘛，为什么用千分数？如果有需要，还可以用万分数、ppm——百万分之一、ppb——十亿分之一、ppt——万亿分之一。

4. 全课小结

师：你有什么收获？用含有百分数的一句话来谈谈这堂课！

附：课堂实录

一、预学反馈

1. 汇报收获

师：课前每位同学都找了一些有关百分数的信息，说说你是哪里找的。

生：我是网上找的。

生：我在果汁瓶上看到 100% 纯果汁。

生：我在路边商店折扣标语上看到的。

生：我在书上找到的。

师：虽说网络很发达，但书上的学习也必不可少。

生：我是在电视上找到的。

生：我在我妈妈给我买的衣服的商标上找到的，上面写着纯棉 100%。

师：可不是嘛，现在的服装尽量穿 100% 纯棉的。

师：我也找了百分数，我是在网上找的。请看，我随手输了个“80%”，一点“回车”之后，真是吓了我一跳。请同学来读读这句话。

生：约有 100 000 000 多条与“80%”相关的信息。

师：看看百分数，太了不得，哪儿都有，对吗？

师：昨天大家预学了“百分数”一课，现在给大家 2 分钟时间，请小组内交流一下收获和需要在全班交流的问题。现在开始。

师：布置了几件事？

生：两件事，交流在学习中得到的知识，然后交流学习中遇到的问题。

师：学数学有一个非常重要的本领就是提问题，还有就是提取信息。就像刚刚1亿多条信息，有些我们需要提取一下。提取信息特别关键。

现在开始。

（小组交流预学。）

师：请代表你们组先聊聊收获。

生：我们组当上小组第一名的概率是50%。（坐下）

师：如果是我的话，我会这样问问大家："你们听懂我说的话了吗？"

生：（站起，转身面对全班）你们听懂了吗？

生：（少数）听懂了。

师：我刚才也没太听懂，你说的什么50%呀？

生：就是我们小组得奖的概率。

师：为什么是50%呢？找个同学讲讲。

生：她的意思就是说，他们组与另外一个组都想得这个奖，两个组的实力差不多，所以每个组都有50%的概率会赢。

生：还有可能是别的组赢呢，怎么能确定呢？

师：换句话说，他们的机会是均等的。还有其他的小组想分享收获吗？

生：我们组了解到百分数容易比较。比如比较两个分数$\frac{3}{50}$和$\frac{7}{56}$，很难比较它们的大小，但是如果是百分数，直接看分子的大小就可以直接比较出来了。

生：我们组讨论了百分数的意义，百分数好比较。

生：我们组跟他们组差不多，也是认为百分数易于比较，都可以写成分母是100的形式，直接比较分子，分子谁大那个百分数就大。我们还了解了百分数的书写形式，一个数后面一个百分号，读作百分之多少。我们组也认识了百分数的基本含义，百分数通常都是用来表示一个数与另一个数的关系。

2. 梳理问题

师：百分数可以写成分母是100的分数，百分数还好比较，等等。这些是我们的收获，但是还要关心一下还想再收获些什么。所以聊着聊着就该说说问题了。你们小组有什么问题跟大家一起交流？

生：我们组的问题是，已经学习了分数为什么还要学习百分数？还有百分数是不是就是分母为100的分数？你们能解决我们组的问题吗？

生：是不是所有的数都能用百分数表示？比如$\frac{1}{3}$好像没办法换成一个百分数。

师：可不是嘛，已经学习分数了，还学百分数做什么？分数与百分数到底有什么关系呀？

生：百分数可不可以约分？

生：我们组的问题就是小数怎么化成百分数？

生：百分数有什么用处吗？

生：我们知道百分数能够表示关系，它能表示数量吗？

师：为了研究方便，把同学们的问题梳理一下。

（1）含义；（2）用途；（3）异同。

师：你认为这些问题中哪个问题最关键？这个问题解决了，其他问题也就迎刃而解了。

生：我觉得应该是含义。

生：我也觉得应该是含义。

师：你们觉得这个问题是王老师讲给大家听，还是大家自己来？

生:(异口同声)自己来。

师:真有信心,王老师看好你们!

师:为了交流方便,你们找1条信息,行吗?

生:(纷纷)得找很多条。

师:来300条。

生:不行不行,太多了也不行。

师:过犹不及。

生:至少要找3条。

师:那就找3条,行吗?

生:(众)行!

二、合作探究

1. 小组探究

师:看屏幕上的3条信息。

师:哪个同学给读读。

生:中国人口占世界的20%。

生:中国耕地占世界耕地的7%。

生:最新人口普查结果:51.27%的人口是男性。

师:这是3条信息,请你们小组分工合作,带着昨天预学的经历,带着刚才咱们一起交流的收获,用画图的方式表示出某一条信息中百分数的含义。大家明白了?时间是3分钟。现在开始!

(小组合作学习……)

2. 小组汇报

生:先把一个正方形,平均分成100份,画出其中的20份,就是20%。同学们,你们听懂了吗?

生:听懂了,就是把一个正方形平均分成100份,取其中的20份就是20%。

生:我想问,能不能把正方形平均分成5份,画出其中的1份,算不算 20%?

生：算。

师：谁听懂刚才同学的问题了？

生：就是不用这么麻烦，把正方形平均分成 5 份，取其中的 1 份就是 20%。

师：还真有人是这么做的。(出示学生画的线段图)

生：直接把 100÷10,20÷10，也就是说把线段平均分成 10 份，取其中的 2 份，也表示 20%。

生：把分子、分母变小确实很简便。为了简便直接化成$\frac{1}{5}$，干吗还化成$\frac{2}{10}$呢？

师：是呀？在我们看来，平均分成 10 份取 2 份不就是$\frac{2}{10}$吗？怎么会是 20% 呢？

生：根据商不变的规律来看，分子、分母同时乘或除以同一个不为 0 的数，商的大小是不变的。我们就可以$\frac{2\times10}{10\times10}$，就变成了$\frac{20}{100}$，就成了 20%。

师：还有问题需要问吗？

生：我想补充，其实 20%、$\frac{1}{5}$、$\frac{2}{10}$虽然样子不同，但他们的数值(大小)是不变的。

师：写成了 20%，先写 20，再写“%”，读作“百分号”。

师：还有人是这样画的，跟大家说说。

生：我把一个圆平均分成 4 份，其中的 2 份是 50%，然后我再画多一点点，表示 1.27%，这样就变成 51.27% 了。大家听懂了吗？

生：你怎么知道多出来这一点儿就是 1.27%?

生：(纷纷)这是示意图。

师：但是我们必须肯定这位同学，太精益求精了。确实是，你怎么就知道多那一点儿就是1.27%呀？

生：我来帮助帮助他吧，我们先把圆平均分成4份，每份占25%。把这25%又平均分成5份，每份占$\frac{1}{5}$，再把其中的1份平均分成5份，每份就占$\frac{1}{25}$，也就是说每份占$\frac{1}{4}$的$\frac{1}{25}$，这样就能大致估计出1.27%是多少。

师：大家满意了吗？

生：（众）满意了！

师：就像大家说的，就算是个草图，我们也要尽量做到尽善尽美。

师：那好，我们就以这20%为例，不同的图都能表示出20%，阴影部分表示的是信息中的什么？

生：（众）中国人口。

师：整个正方形呢？

生：（众）世界人口。

师：那这幅图表示了谁跟谁的关系？

生：这幅图表示了中国人口跟世界人口的关系。

（出示新图）

生：这幅图表示中国耕地和世界耕地的关系。

（再出图）

生：表示了男性人口和女性人口的关系。

生：整个正方形既有男性又有女性，因此我觉得应该是男性人口与总人口的关系。

师：51.27%表达了男性人口与全国人口的数量关系。一点点小失误，没有关系。学习的道路上难免会出现失误，只要知错能改，保持信心，相信你一定能行的。

3. 师生探究

师：我们用7%世界的耕地养活了占世界20%的人口，了不起吧！

师：可是，据统计，中国人每次外出就餐平均浪费20%。什么意思？

生：如果把每次就餐的量平均分成5份，每次吃掉其中的4份，剩下的1份就浪费掉了。

师：描述得真形象。那全世界的浪费情况又是怎样的呀？（播放视频）

师：每年，全球粮食总量的33.3%被浪费，相当于全球粮食年浪费量13亿吨。这个数大不大？

生：（众）大。

师：有多大呀？

生：相当于全球谷物的50%。

师：什么是谷物呀？

生：（纷纷）大米、小麦……

师：虽说就餐你花钱了，但资源却是大家的。你的浪费一定伴随着有些人的忍饥挨饿。

（看图填一填。）

a. 五一优惠活动，优惠后的价格是原价的（　）。

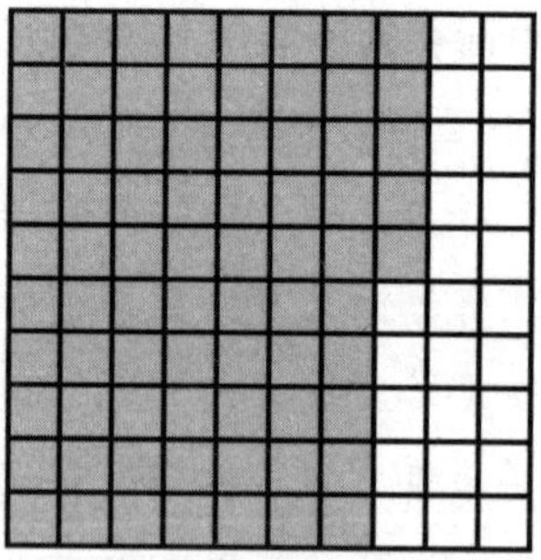

b. 我的衬衣含棉（　）。

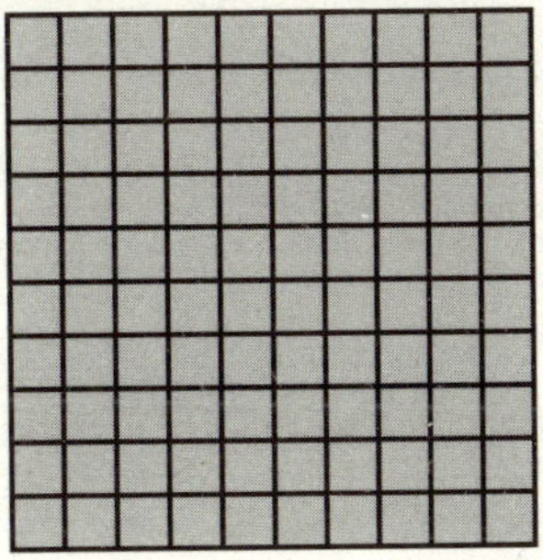

师：看下面这个有格图，能找到百分数吗？

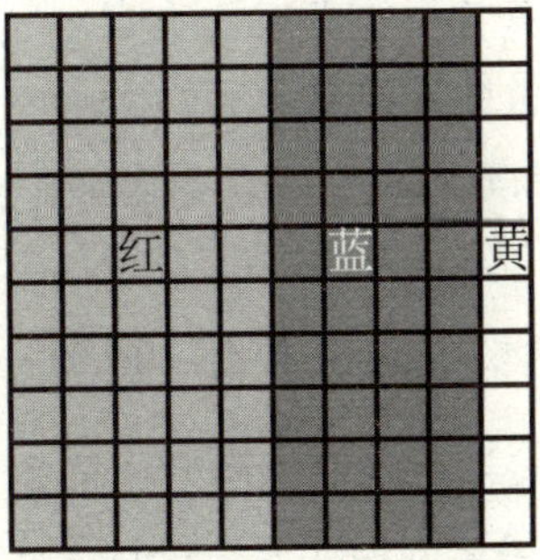

生：黄色部分占整体的10%。

生：红色部分占整体的50%。

生：蓝色部分占整体的40%。

师：红色是黄色的百分之多少？

生：黄色是红色的20%。

生：（纷纷）说反了。

生：红色是黄色的500%。

师：还能看出什么？

生：（纷纷）蓝色是黄色的400%。

师：学到这里，百分数到底表示什么意思？

生：百分数表示两个数量之间的关系。

生：一个数平均分成100份，看另一个数占它的多少。

师：也就是说，百分数表示了“一个数是另一个数的百分之几”。

选一选，填一选。

$\frac{4}{5}$　　　　80%

1. 女生人数是男生人数的（$\frac{4}{5}$或 80%）。

2. 一段木头长（$\frac{4}{5}$）米

师：一段木头长 80%，行不行？

生：不行，百分数是用来表示关系的。

师：百分数与分数的异同解决了？

生：（纷纷）分数既能表示关系也能表示具体数量，百分数只能表示关系。

师：百分数还不仅仅是分母是 100 的分数，分数不能写成 $\frac{51.27}{100}$ 的形式，一定得化简吧？但 51.27% 就可以。

师：下表是我国某几个省或自治区的森林面积，能看出哪个省或自治区的森林覆盖率高吗？

地　区	森林面积
北　京	52.05 万公顷
天　津	9.32 万公顷
河　北	418.33 万公顷
山　西	221.11 万公顷
内蒙古	2366.40 万公顷

生：（纷纷）内蒙古的高。

生：（高声）不一定！内蒙古总面积也大，问的是覆盖率，不是森林面积。

生：应该看森林面积占它本身面积的百分之几才行。

师：（出示数据，见下表）虽说北京森林面积不是最大的，但森林覆盖率却高。你们说说，百分数好在哪儿？

森林覆盖率
31.72%
8.24%
22.29%
14.12%
20.00%

生：容易比较。

生：相对于分数来说，容易比较。

师：是的任何一件事情都是有相对性的，哪有那么绝对的事情？

生：百分数把单位给统一了。

三、三次质疑

师：还真是的，学到这儿，还有什么新问题要交流吗？

生：怎么把一个分数或小数化成百分数？

生：循环小数怎么化成百分数？

生：无理数能不能化成百分数？

师：其实你们就是想问，什么样的数能化成百分数？

师：其实不但有百分数，甚至还有千分数。（出示我国2000—2010年的人口出生率）看出什么了？

生：逐年在下降。慢慢稳定在11.90‰左右。

师：因需而定，有的时候还有万分数，还有百万分之一呢。你回去可以查查，ppm是什么意思？ppb、ppt又是什么意思？

师：数学的学习，提取信息很重要，提出问题更重要。

师：谢谢同学们，下课。同学们再见！

生：（众）老师再见！

图形与几何领域

◆整合生活资源为学习资源的实践与研究

——以“平移与旋转”一课为例

单元目标

1. 知识与技能

【了解】认识轴对称图形。

【理解】（1）判断一个图形是不是轴对称图形。（2）判断物体的运动是平移还是旋转。（3）能辨认简单图形平移后的图形。

【掌握】（1）掌握镜面对称的基本特征。（2）结合具体图画，在方格纸上画出简单图形的轴对称图形。（3）能在方格纸上画出一个简单图形沿水平方向、竖直方向平移后的图形。

【运用】运用平移、旋转与轴对称设计简单图案。

2. 经验与思想

【经历】（1）结合实例，感知身边的平移、旋转和轴对称现象。（2）结合实例和具体活动，感知镜面对称现象。（3）参与收集、设计图案的活动，感受图案的美，培养健康的审美情趣。

【体验】结合欣赏与绘制图案的过程，体会平移、旋转和对称在图案中的应用。

【探索】经历探索轴对称图形、镜面对称现象的一些特征的过程，发展空间知觉和空间观念。

3. 情感与习惯

【情感】通过认识生活中的对称、平移和旋转，结合民间艺术的剪纸图案，以及服饰、工艺品与建筑等的图案，感知现实世界中普遍存在的对称现象，使学生对数学产生好奇心。

【价值】（1）了解生活中的平移和旋转现象，认识生活中建筑或者图案的对称美，感受数学与生活的密切联系。（2）参与收集、设计图案的活动，感受图案的美，培养健康的审美情趣。

【习惯】养成认真观察、仔细思考的好习惯。

单元思考

“平移与旋转”，对学生来说是一个比较新的教学内容。但是，在现实生活中，学生都经历过平移和旋转，都有过切身的感觉，比如在游乐场中玩各种游乐项目，坐升降电梯等，只是不熟悉这两个词的数学含义。本单元就是要引导学生，通过对生活中平移和旋转现象的再现，以及教学中的活动和分类，感受平移和旋转现象。并在此基础上，使学生能正确区分平移和旋转，体验平移和旋转的价值。

1. 为什么要在小学阶段引进图形变换的内容?

从学生的已有经验来看，他们已经从生活中接触到了大量的物体、图形的平移、旋转或轴对称变换现象。例如，电梯在平行移动，时针、电风扇的叶片在旋转，许多动物、建筑物的形状具有对称性。这些现象为儿童学习图形的变换提供了丰富多彩的现实背景。反过来，学习变换知识，也有助于儿童更好地观察、认识周围生活中的这些现象。从儿童的年龄特征与认知特点来看，小学生正处在好奇心浓厚的阶段，通过图形的变换，可以接触无数美妙的图案，可以使数学更生动地与现实世界联系起来，从而诱发学生主动探索其中的奥秘的兴趣，激励他们用图形变换的观点去审视周围的事物。这些，都是在小学课本中引进图形变换内容的有利条件。可以说，通过感知和初步学习图形的变换，不仅有助于学生从运动变化的角度去认识事物，去了解图形之间的联系，从中发展他们的空间观念和几何直觉，而且有利于学生感受、欣赏图形的美，感受数学与现实世界的联系，使他们体验到学习“图形与几何”的乐趣，增强其对数学的好奇心，激发其创造潜能。[①]

对三年级学生来说，学习本部分内容重在积累感性认识，形成初步印象，能识别，会在方格纸上画图。主要的学习方式是结合实例观察，动手操作体验。

2. 什么是平移、旋转、轴对称?

“对称、平移和旋转”是从运动变化的角度去探索和认识空间与图形的，目的在于发展学生的空间观念，进一步激活学生的想象力和思维力。

如果一个图形沿着一条直线对折，直线两侧的图形能够完全重合，这个图形就是轴对称图形。折痕所在的这条直线叫作对称轴。轴对称是对称的一种，是关于线对称；中心对称也是对称，是关于点对称（旋转 180 度）。

平移是指在平面内，将一个图形上的所有点都按照某个方向作相同距离的移动，这样的图形运动叫作图形的平移运动，简称平移。平移不改变图形的形状和大小。平移可以不是水平的。平移的两个要点：平移的方向，平移的距离。

平移与旋转的区别在于物体运动后的方向有无变化。

3. 镜面对称与轴对称一样吗?

教材安排“镜子中的数学”一课的目的是：通过操作活动，使学生认识镜面对称现象，巩固轴对称图形的知识，发展空间观念。镜面对称与轴对称有区别也有联系。

轴对称的两个图形都在同一个平面内，镜面对称是空间中的人和影像以镜子为对称面，而不是对称轴。

---

① 曹培英．“图形与变换”的教学思考 [J]. 江西教育（B），2011（7—8）.

镜面对称现象具有一些基本特点：所看到的镜子中的人的大小、上下与前后的位置，与实际的情况是一致的，但左右方向是相反的。

课例分享

乐学目标：

（1）在具体情境中，初步感知平移和旋转现象，会判断图形平移的距离。

（2）通过观察、分类、对比，初步了解物体平移变换和旋转变换的特征，并能正确判断图形的这两种变换。

（3）初步渗透变换的数学思想，体会平移和旋转的价值，培养学生的观察能力和解决问题的能力。

学习重点：感知平移和旋转现象。

学习难点：判断图形平移的距离。

一、创设情境：感受平移与旋转

师：每天王老师走进咱们班，很多同学都已经到校了，那你们是怎么到学校来的呢?

生：我是自己走路上学的。

生：我是爸爸开车送我来上学的。

生：我是坐班车来的。

生：我是妈妈开车送我到校门口，然后自己走进来的。

师：有没有不同的?

生：我是自己骑自行车来上学的。

师：你们年龄小，在骑自行车的时候要注意安全呀！

师：像人在行走，自行车、汽车在行驶，我们都可以说它们在运动。生活中你还见过哪些物体或人在运动?

生：我看见过火车在行驶，是一种运动。

生：（指着屋顶的电风扇）电风扇工作的时候，是一种运动。

师：是啊，生活中有很多物体都在运动。今天王老师请大家看一些物体运动时的图像。（课件演示缆车、国旗、摩天轮、小风车的运动图像）请你看看它们是怎么运动的，可以一边看，一边跟着做做动作。

（学生边看边用手势比画。）

师：刚才我们看到了物体的运动，你能按它们运动方式的不同给它们分分类吗？同桌商量一下。

生：我把观缆车和国旗的运动看作一类，观缆车是横着运动的，升国旗时，国旗是上下运动的。

师：你能不能给起个名字？

生：平衡。

生：平滑。

生：平移。

师：好，就听你的！（板书：平移）

生：我把摩天轮和小风车的运动分作一类，因为它们都是转动。

师：能不能起个名字？

生：（大声说）旋转。

师：好！（板书：旋转）

（学生表演，进一步感受平移和旋转现象。）

师：请你闭上眼睛，静静地想一想，说一说，你是怎么理解平移、旋转的？

生：平移是横着走的。

生：（补充）可以竖着运动。

生：（边说边走到大屏幕前，指着摩天轮和小风轮的中心）旋转都是围绕着一个点运动的。

师：能不能用自己喜欢的动作把你的理解表现出来？

生：（走到讲台前翻了个侧手翻）这就是一种旋转。

生：（走到讲台前，沿直线跑了一段距离）这就是平移运动。

生：（走到讲台前，转了个圈）这就是一种旋转。

评析：课始，教师问学生是怎么来上学的，自然地引出骑车、步行等运动现象。然后请学生看几种运动现象，一边看，一边做动作感受，接着分类，起名，再闭上眼睛，在脑中静静地建立表象，最后说说自己的理解，并用动作表现出来。学生是在运动这个大背景下认识平移与旋转的，在这个过程中，教师将学生已有的生活经验、认知基础、参与的热情充分地调动了起来，让学生用自己的眼睛去看、去想、去说、去做，在交流碰撞中积累关于平移与旋转的感性认识。学生做的动作并不是真正的平移与旋转现象，但学生表达的是一种对平移与旋转的初始理解。孩子们那充满童趣的个性化的理解和表达，为深入感知奠定了基础。而教师为学生提供的感知材料则尽量突出概念的本质属性，为学生构建准确概念提供支撑。

二、动手操作：探究图形平移的方向和平移的距离

1. 小组化学习

师：我们以小船为例（见下图），进一步研究平移。请大家说一说小船平移的方向和距离。

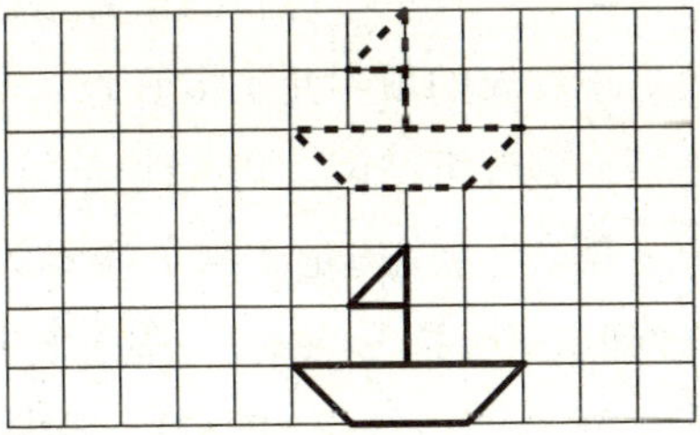

2. 小组汇报

（1）电脑演示，小船一格一格平移到虚线位置，如上图所示。

生：小船向上平移了 4 个小格。

（2）电脑演示，小船中间不停顿，一直平移到虚线位置，如下图所示。

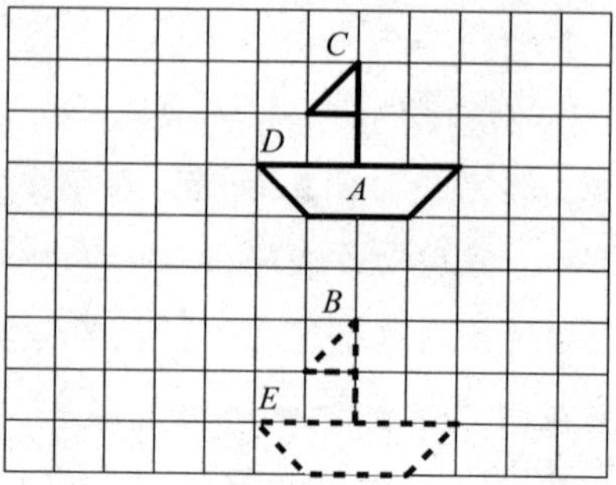

生：小船向下平移了 2 个小格。

生：小船向下平移了 5 个小格。

师：现在有争议了，让我们用事实说话，请你用学具小船在方格纸上平移一下看看。

（学生在方格纸上平移。）

生：（走到实物投影前汇报）我就是认为小船向下平移了 2 格，大家请看，（指着 A 点）我是从这里数，小船走到这里（指 B 点），不就是两个小格吗？

生：我不同意他的看法。（边说边走上来）

师：好！请两位老师一起给大家讲一讲。

生：要数应该这样数，我从小红旗的顶尖儿（指 C 点）开始数，最后也要看小红旗的顶尖儿（指 B 点）。

师：从哪里开始，到哪里结束，请其他同学评论一下。

生：我想补充一下。（边说边走上来）我看的是船尖儿（指 D 点），移动到这里（指 E 点），一共向下平移了 5 格。

师：在数学上，我们把小红旗的顶尖、船尖儿叫作点（板书：点），刚才两位同学的发言你认可吗？（问第一位走上来发言的同学）

生：我同意。

师：从其他的点开始数行不行呢？请你在小船上找一个点，数数看。

（请几个同学在大屏幕上数数看。）

（3）电脑演示，小船中间不停顿，一直平移到虚线位置，如下图所示。

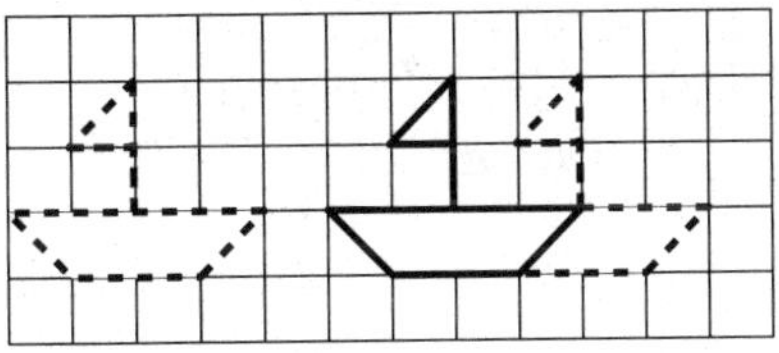

评析：引导学生理解并掌握平移格数的规律，对孩子来说是一个难点。在这里，教师的指导可谓别具匠心。开始，小船一格一格平移到虚线位置，让学生看到小船整体是怎样动的，进一步直观地感受平移时，整体中的任何一部分都要向同一个方向移动，而且移动的距离都相等。然后小船中间不停顿，一直平移到虚线位置。这时学生意见不一，开始争论，教师引导学生用事实说话，请学生用学具小船在方格纸上移一移，教师把观察思考的时间和空间真正给了学生，让学生在交流中互帮互学，在互动中提升了认识，达成了共识。整个过程中，教师一直将学生真正置于学习活动的前台，最后一问“从其他的点开始数行不行呢？”，可谓是点睛之问。

三、解决问题：感受平移和旋转在生活中的价值

（出示风筝的线板，教师拉线。）

生：线板在旋转。

师：上课这么长时间了，空气不太好了，开开窗透透气。

（坐在窗前的一个学生推开窗户，其他同学观看。）

生：窗户在平移。

师：做成推拉的窗户有什么好处？

生：省空间，要不然，像那种老式的窗户，也不方便安护

栏呀。

师：我们把门也打开，空气会更好的。

（门口的一位同学开门。）

生：门在旋转。

师：门的这种旋转运动还是围绕着点运动吗？

生：不是。

师：这时，门围绕着门框在做旋转运动。

（出示浇草地的喷头。）

师：为什么做成旋转的？

生：做成旋转的，可以使四周的草地都能浇到水。

（出示八音盒，舞蹈员边自转，边围绕圆心旋转。）

生：老师，我知道，地球自转，围绕太阳公转也是这样的，地球自转是一种旋转，在自己自转的同时，它还围绕太阳公转。

生：平移和旋转给我们的生活带来了方便。

师：是呀，生活中，大楼还会平移呢，你信吗？

生：不信。

生：真的？

（课件演示上海音乐厅的平移。）

师：上海音乐厅建于 1930 年，原名南京大戏院，是当时上海的一流电影院，1959 年更名为上海音乐厅。沐浴了七十多年风雨的上海音乐厅，已经老态龙钟了，为了更好地保护上海音乐厅，2003 年，上海市政府决定对它整体平移，在一年时间里，这座重达 5650 吨的古稀音乐厅被升高了 3.38 米，向东南方向平移了 66.46 米。音乐厅的面积则增加了 4 倍。

生：太神奇了！

[出示淘气跑步（如下页图所示），巧算周长。]

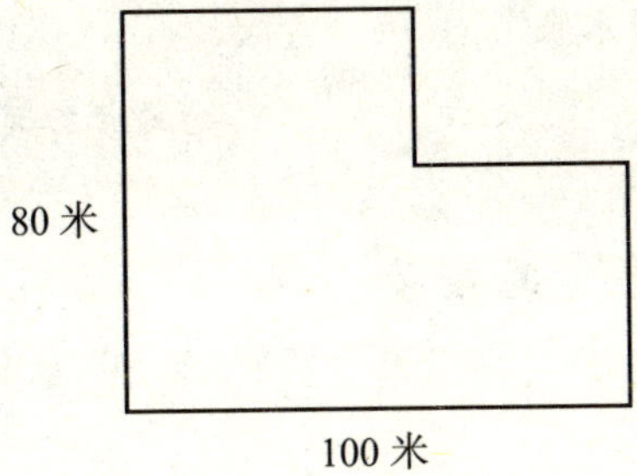

（在学生讲完是怎样算的以后，课件动态演示右上角两条线段的平移过程，说明解决这一问题就用到了平移的知识。）

评析：风筝的线板、水龙头、推拉窗户、浇草地的喷头、八音盒、上海音乐厅的平移、巧算周长等，丰富，饱满，有趣，教师的引导随意、自然，生成了学生的思考，完善了学生的认知。学生的表情是那么可爱，他们不断地有发现的惊喜，生活中的平移和旋转现象是那样的有趣、有用。特别值得一提的是，“巧算周长”沟通了知识的前后联系，说明教师有瞻前顾后的意识。

四、质疑

师：通过今天的学习，你最大的收获是什么？还有什么遗憾？

略。

总评：生活是数学的源泉。教师在教学中，唤起并激活了学生的已知知识，自然地将学生的生活经验、教师的生活经验转变为数学现实，使学生真切地感受到平移和旋转的来源、价值，使学生亲其所学。整个教学过程中，教师能灵活机智地顺应学生的思路，以学生的学来定自己的教，使教学随机生成。一个真正关注学生的教师，不仅能做到在课前、课中和课后把自己的心思用在深入分析教材、推敲教案上，也能做到把努力放在研究学生、倾听学生、发现学生上，从而将教师、学生、教材、生活这些丰富鲜活的原始资源，自然地糅合在一起，使学生获得活的知识。可谓“问渠那得清如许，为有源头活水来”。

（感谢张红老师对本课的点评）

◆“舍”与“得”的较量

——“成长的脚印：估测不规则图形的面积”的整合研究

单元目标

1. 知识与技能

【理解】（1）归纳组合图形面积的计算方法。（2）估测不规则图形面积的数据范围。

【掌握】（1）能正确计算组合图形的面积，并能解决相应的实际问题。（2）能估计不规则图形的面积，并能用不同方法计算面积。

【运用】运用相关知识解决生活中相应的实际问题。

2. 经验与思想

【体验】在解决问题的过程中，体会策略、方法的多样性。

【探索】通过探索估测不规则图形面积的方法，发展空间观念。

3. 情感与习惯

【情感】通过学习估测不规则图形的面积，拓展对图形面积的认知，提高对平面图形相关问题探究的兴趣。

【价值】在实际背景中，感受探究组合图形面积的价值。

【习惯】培养多角度思考问题的良好思维习惯。

单元思考

学生探究、估测不规则图形的面积需要两方面的基础：一是会计量面积，能够运用数方格、转化等方法；二是会估算，估算除了可以凑整以外，更多地会用到四舍五入。这是我们经常用到的方法，学生在这两方面应该不会出现问题，因为太简单了，但是我通过前期对学生进行的调研，发现结果其实不然。

1. 调研过程

（1）你认为下面这种估算方法合理吗？为什么？

$0.3+0.4+0.7+0.5+0.8+5 \approx 0+0+1+1+1+5=8$

观点	合理	不合理
人数	26 人（60.5%）	17 人（39.5%）

认为“不合理”的同学觉得主要问题在于“舍不得”（如下图所示）。

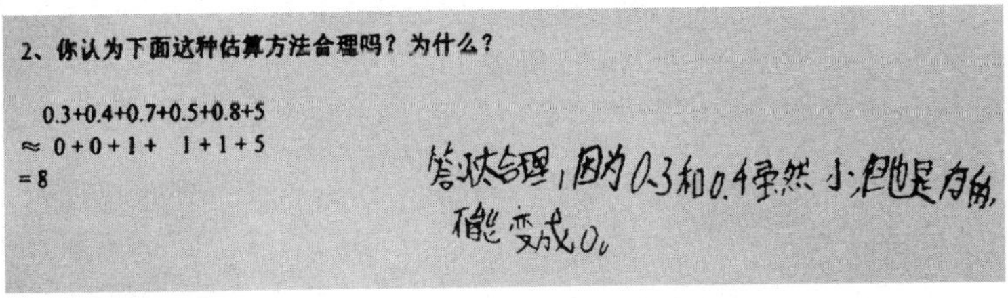
2、你认为下面这种估算方法合理吗？为什么？

0.3+0.4+0.7+0.5+0.8+5
≈ 0+0+1+ 1+1+5
=8

答：不合理，因为0.3和0.4虽然小，但也是有的，不能变成0。

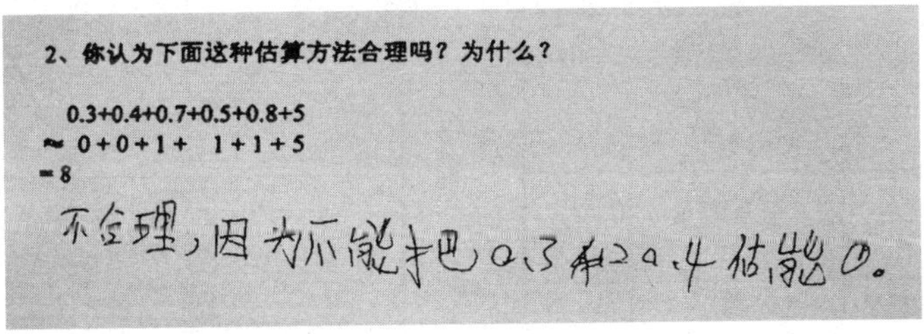
2、你认为下面这种估算方法合理吗？为什么？

0.3+0.4+0.7+0.5+0.8+5
≈ 0+0+1+ 1+1+5
=8

不合理，因为不能把0.3和0.4估成0。

（2）你知道方格内的图形面积是多少吗？（每一个小方格代表 $1cm^2$）

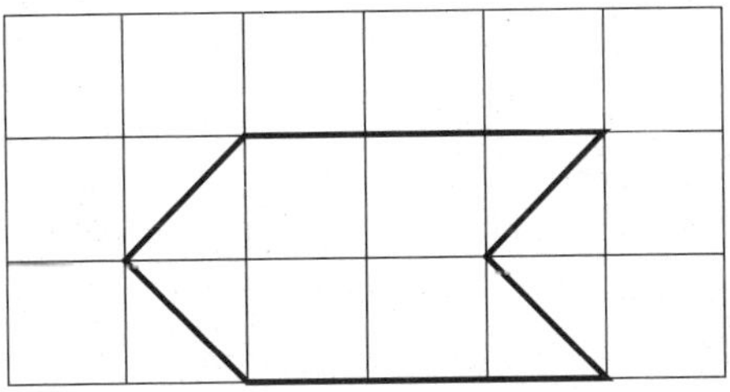

面积是（　　）平方厘米。

此题目全班 100% 正确。同学们既有用割补方法的，也有用凑整格数方格方法的。

那么在图形背景下学生的情况会怎样呢？我在班级中随机挑选 6 名同学进行相关内容的访谈。

2. 访谈目的

（1）明确学生是否在教师的引导下体会到方格经过细分后会减少误差。

（2）明确学生是否接受用“四舍五入”的方法进行估测。

3. 过程描述

问题 1：

如果数方格估测图形的面积，有两种方格（见下图）可以选择，要想让估测的面积和实际面积相差得小一些，选择哪一种方格？为什么？

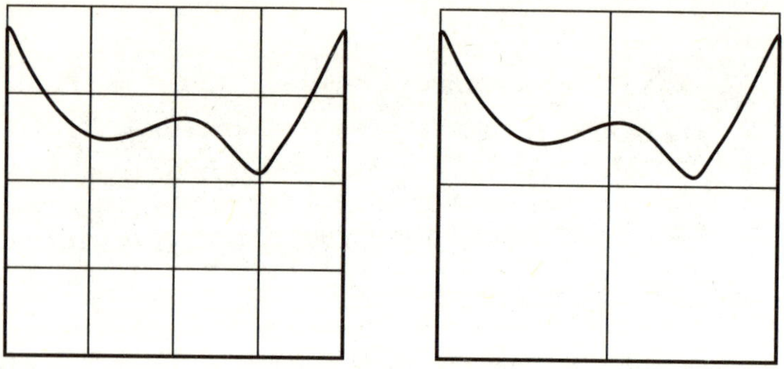

6 名同学均认为用小方格量误差会小一些。

由此可以看出学生还是能够理解方格经过细分后会减少误差的。

问题 2：

师：我这样估测这个图形（见下页图）的面积合理吗？（四舍五入的方法）

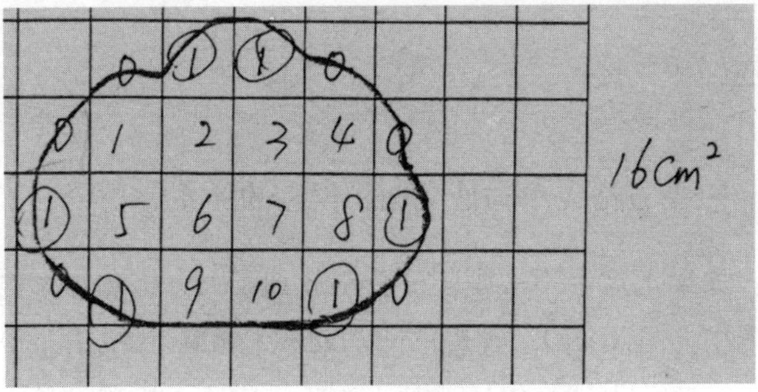

组 1：应该可以，可是万一补不上怎么办？

关键不是求精确值。

组 2：应该行，看着像四舍五入。

肯定可以，误差会大吗？不会吧？

组 3：这块可以拼到这里来。

对，小的可以拼到这边来。

由此可以看出有的学生还是担心补不上、“得”不到，凑不成整格，误差会大。

4. 我的思考

数方格凑整的方法在学生的心目中已经扎根，对学生来说，凑整不仅有前期学习的基础，更有能够亲眼看见凑满整格的“精确感”。

另外，部分学生对用四舍五入这一常用的估算与估测的方法有异议，有的学生不接受不能正好凑整的情况，还有的不能接受把接近 0 的部分看成 0，对存在的面积视而不见。

因此，教师在课堂上帮助学生在估测图形时从整体上综合考虑“舍”与“得”，深入体会每一种估测方法的合理性，是十分必要的。可是，学生能够接受这“舍”与“得”吗？问题又会出在哪里呢？

下面为教学片段，供参考。

一、感受方格大小与估测面积误差的关系

师：如果把这个不规则图形分别放到了大方格和小方格的背景中（见下图），我想估测的面积和实际面积相差得尽量小一些，也就是想让误差小一些，应该选择哪一种方格进行测量？

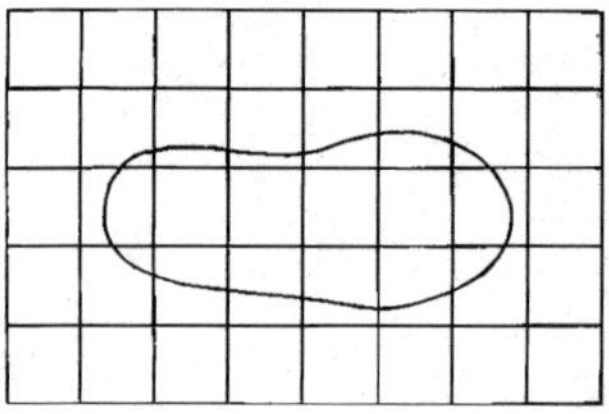

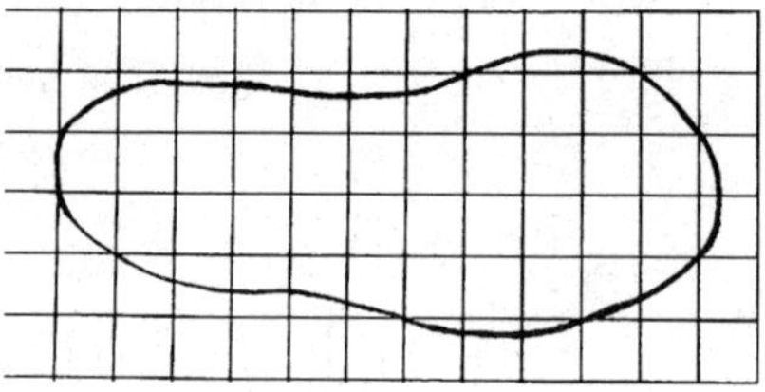

生：我觉得使用小方格误差会比较小一些，因为小方格是比较精确的。比如说一个大方格等于 4 个小方格，小方格就精确，而且拼起来看得也比较清楚，不会漏掉太多。大方格面积比较大，这么大的一块就顶这么小的好几块。

生：我也觉得小方格精确一些，大方格有很多会拼不上。

师：真的是小方格精确吗？我们一起看看幻灯片（见下图）：把大方格细分，用这个小方格估测，需要估测的面积变……

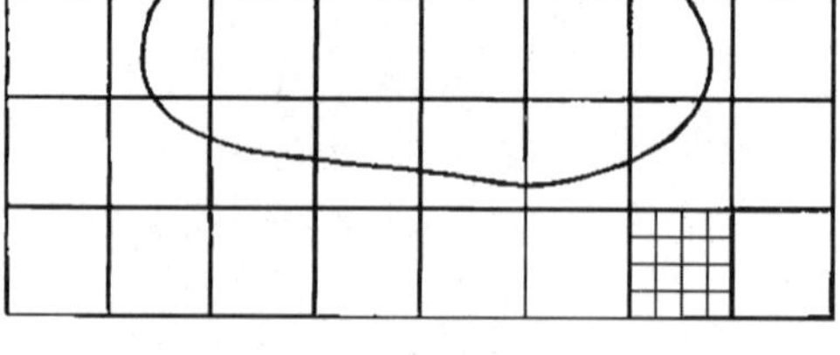

生：小了。

师：再细分呢？

生：要估测的面积又小了，因为整格又多了。

师：如果我把方格接着再细分、细分、再细分……我需要估测的面积就会越来越……

生：小，误差就越来越小。

师：如果我希望我估测的数值误差小一些，选择什么样的方格？

生：小一点的方格。

师：如果对数值要求不是很高，大致估一下就行呢？

生：大一些的方格。

师：到底用大方格还是小方格？

生：看估测时的要求。

[设计意图：感受方格的大小与估测误差的关系，渗透无限思想、积分思想。]

二、估测不规则图形面积的方法

1. 凑成整格的方法

略。

2. 四舍五入法

师：这个同学在图上打了很多“×”，还画了一些“√”，你看懂了吗？

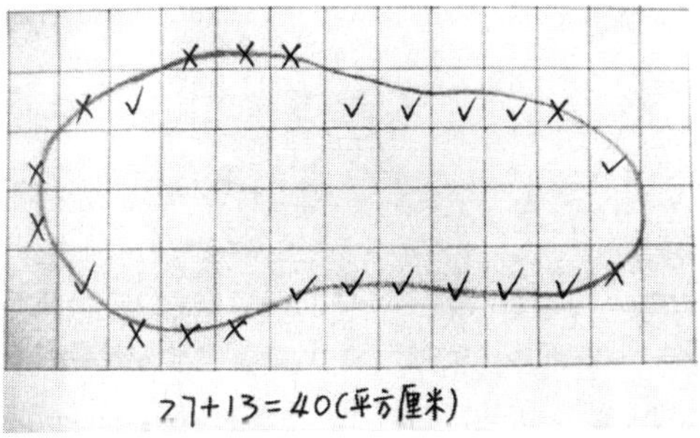

生：这些“×”都是小于$\frac{1}{2}$格的，不算了，看成0，这里画“√”代表把这里大于$\frac{1}{2}$格看成一格，再数就行了。

生：我觉得这种方法不是很好，比如说这样（生到黑板上画图，见下图）就不行，每个格里面都小于$\frac{1}{2}$，就要记作0 cm^2了，可是他还是有面积的。

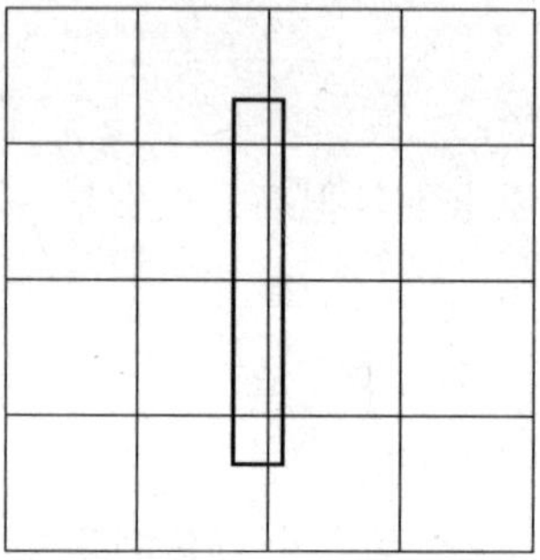

生：要看图形而定方法的吧？

生：这个图（指鞋印图）我们数数看，有11个格不算，13个格看成1个格，差不多。

师：这个格子中的面积小于$\frac{1}{2}$格，那我们就看成0，就不要了？明明有面积。

生：我们本来就是要估算，可以有一些出入。

生：虽然有11个格不要了，但是有13个格看成整格了，这样就差不多了。

师：原来我们有“舍”也有“得”，如果不够一格，小于$\frac{1}{2}$格，就看作0格，大于$\frac{1}{2}$格，我们就看作1格。如果正好等于$\frac{1}{2}$格呢？我们就规定把它看作1格。我们给这种方法起一个名字，叫什么呢？

生：四舍五入法。

师：看来不仅在数与代数中我们用到四舍五入，在图形的估测中我们也用到了四舍五入。还有谁用到了这个方法？

［在前测调研中，有39.5%的同学不同意四舍，认为明明有面积，却看成“0”不合理，“舍”不得；却认同五入，“得”是可以的。针对这一现象，师生重点探究四舍五入方法的合理性，因需施教，培养学生的近似意识。］

3. 看成半格法

师：下面请同学们看这种方法［出示图和算式：27+24 ÷ 2 = 39（cm^2）］，你能解释是什么意思吗？

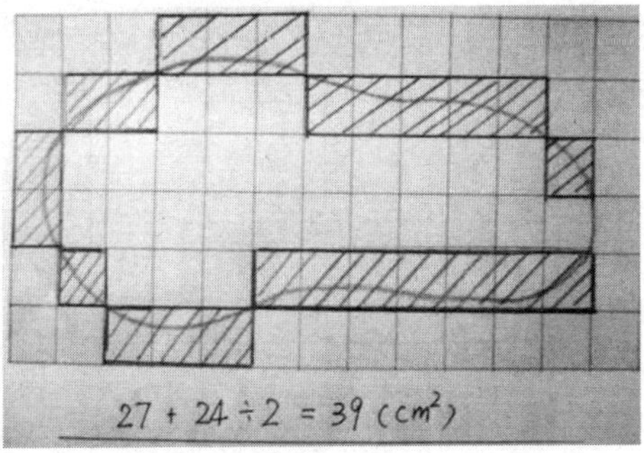

生：27就是27个整格，这里不够一格的有24格，用24 ÷ 2就可以看成一半，12个整格。

师：有些格可不是一半，可比一半大多了，都快到1个格了，看成半格合理吗？

生：可是还有一些格，里面的面积非常小，不到一半，比一半小多了，正好可以给大于一半的格弥补缺陷。

生：那些大于一半的空余的可以补到不够一半的格那里去。

生：就是移多补少。

生：我觉得有些图的估算就不能用这个方法。比如这样的（见下页图）：

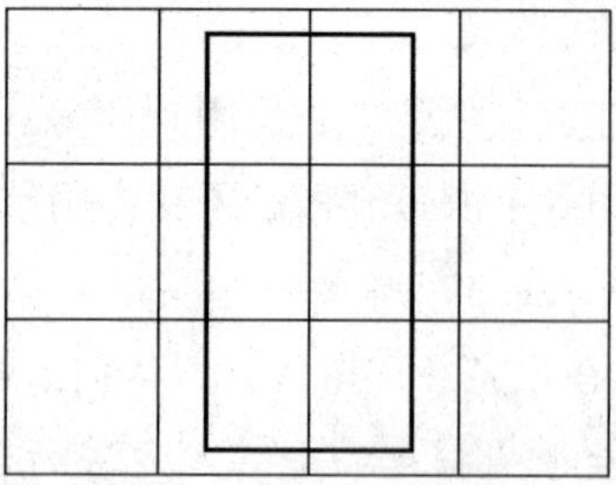

这里每个格都多，不仅多而且多得很多，没有少于半个的，就不能用。

生：没有少的来弥补。

生：那这个图形的面积就被估得小了。

生：这个图形也不行（见下图）：

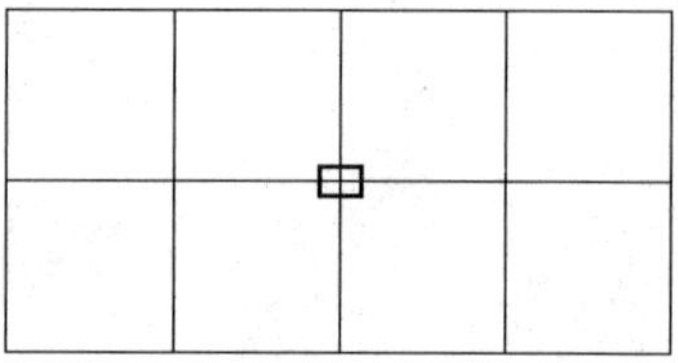

都不满一半，都看作半格，就是2平方厘米，误差就大了。

生：不仅比半格小，而且小得多。

师：你们可真会辩证地看问题，这个方法不是所有图形都适合，我们还要观察图形的特点来选择方法。在这个鞋印的图形中可以用“看成半格法”吗？为什么？

生：可以用。因为有的比半格小，有的比半格大。匀一下就差不多了。

师：原来是这些格多算了，这些格少算了，有舍有得，就都可以看成半格。我们就叫它“看成半格法”。

［此环节师生共同体会方法的合理性，探究误差的合理性，学生在活动中体会舍与得的关系，培养近似意识。］

4. 看成近似的规则图形

师：还有这样做的同学（见下图）。你看懂了吗？

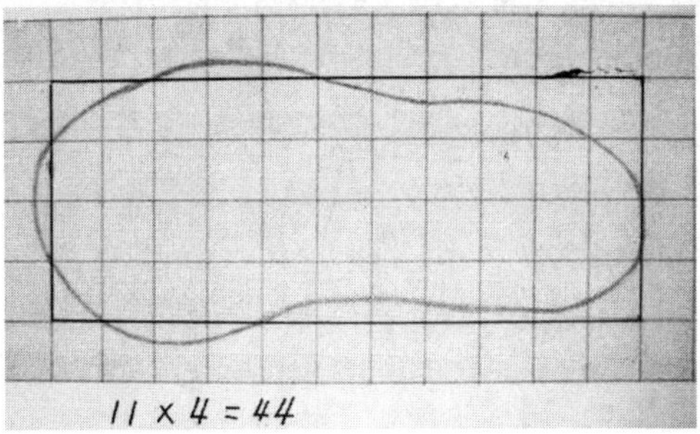

生：把这个鞋印看成长方形，用长乘宽 11 × 4 就可以了。

生：我觉得看成长方形会有很多不属于这个鞋印的面积也被算进去了，所以不合理。

生：可是我认为本来就是估算，允许误差存在。

生：看成长方形可以，看成这样的长方形就不合理，因为看得太多了。去掉一部分更合适。把这些空余的小格去掉。（学生标记长方形内鞋印外的空白部分）

生：要不然把上边鞋印外的面积也都移到下面来，这样一起去掉就规则多了。

生：我觉得误差越小越好，还是可以去掉那些不在鞋印里面的小方格好。

师：老师画一条线将其变成 10 × 4 的长方形，这一块面积不要了，行不行？

［设计意图：此环节师生共同探究看成近似图形估测的背景下舍与得的合理性。］

生：不行，那有好大一块鞋印的面积呢，去掉，误差太大了。

生：可以，因为去掉了一块，还有不是鞋印的地方也算面积了呢。

生：虽然我们看着“赔”了一小部分面积，但是还有地方“赚”

了呢，我们不是“只赔不赚”。

师：没亏本，“有赔有赚”，这回我们可得舍得往下剪。

师：看成三角形（见下图）行不行？可有一大块鞋印面积在三角形的外面呢。

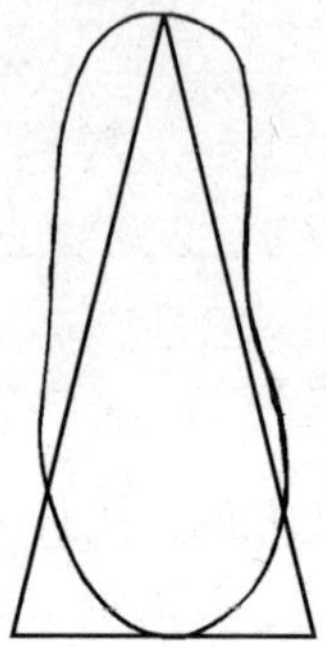

生：移多补少面积差不多。

师：看成这样的梯形（见下左图）行不行？组合图形（见下右图）呢？我们可以根据图形特点把它看成我们学过的规则图形来计算。

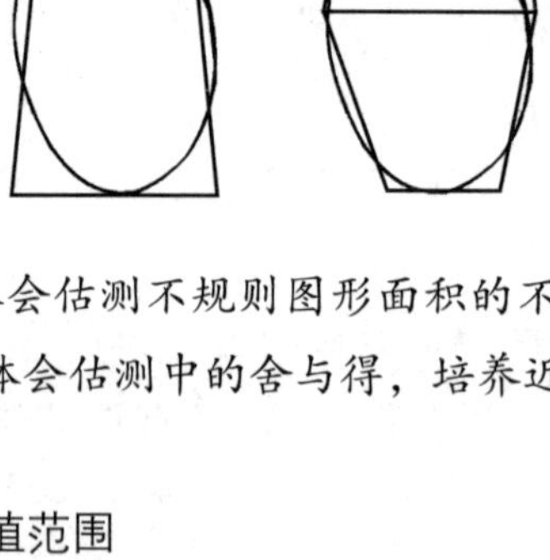

［设计意图：体会估测不规则图形面积的不同方法，以及方法的合理性，进一步体会估测中的舍与得，培养近似意识，渗透近似思想。］

5. 反思估测数值范围

师：那我们刚才估测这个图形的面积最低是多少？（$38cm^2$）

最高是多少？（$44cm^2$）我们班同学估测的范围是 $38 \sim 44cm^2$。看到这个图，有个同学估测 $6cm^2$，你认为合理吗？

生：不合理，最小也得 $27cm^2$。

生：整格就 27 格（见下图），就是 $27cm^2$。

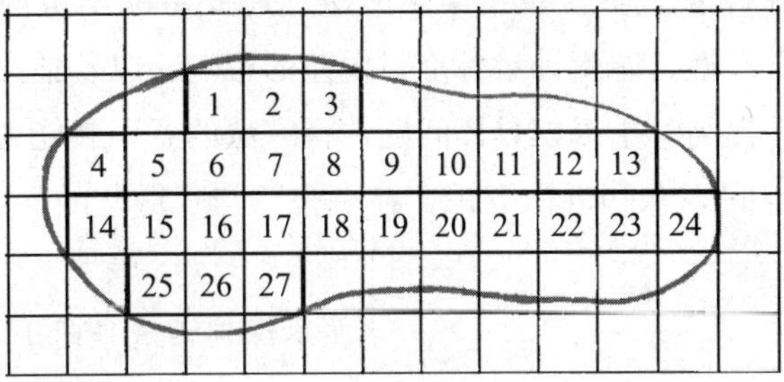

师：那最大大不过什么样的数据？

生：（迟疑了一会儿）44、50、48、55。

师：说说最大大不过什么样的数据。

生：都看成整格时的数。

师：老师帮你数了，看……（51）无论我对误差的要求有多么宽泛，最小小不过 27，最大大不过 51，在 27 到 51 之间。我们今天估测的数据为 38 ～ 44，合理吗？

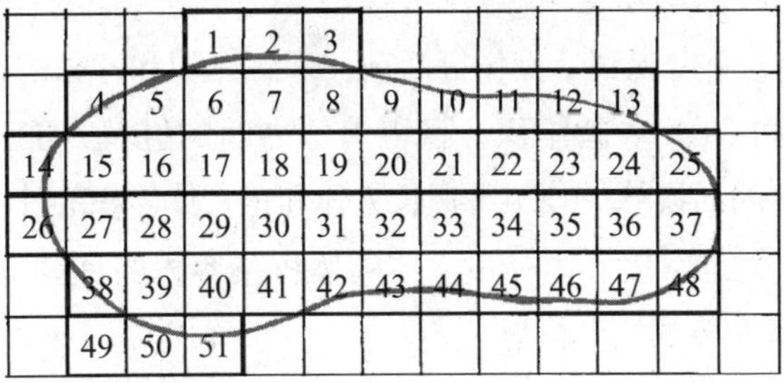

生：合理。

师：只要我们的方法合理，数据在合理的范围内就可以了。

［设计意图：在方法合理的基础上探究估测数据的合理性，培

养近似意识。]

在估测中，虽然有时我们估测是要追求精确的，但有时却不需要那么精确，这需要学生接受不精确。还有的学生不能够从整体上综合考虑问题，没有把“舍”和“得”综合在一起考虑，总是有些舍不得。

教师在课堂上不仅教给学生方法，还要帮助学生深入探究估测方法的合理性，感受计量标准对误差的影响，以及估测范围存在的合理性。提高学生根据具体问题选择方法的意识和能力，从而发展学生的空间观念和近似意识，在“舍”与“得”的探究中较量、提升。

（本课例由清华附小刘鸿整理）

◆基于动手实验的整合研究

——“体积与容积”的实践研究

单元目标

1. 知识与技能

【了解】认识体积、容积的计量单位，感受 $1m^3$、$1dm^3$、$1cm^3$ 以及 1l、1ml 的实际意义。

【理解】通过观察、操作等活动，理解体积和容积的含义。

【掌握】（1）掌握体积、容积单位之间的进率，能进行体积、容积单位之间的换算。（2）掌握长方体和正方体体积的计算方法。

【运用】运用长方体和正方体的体积及容积的计算方法，解决生活中一些简单的实际问题。

2. 经验与思想

【体验】通过探索长方体体积的计算方法，经历猜测、观察、操作、归纳、建立数学模型的数学发现过程。

【探索】在探索不规则物体体积的测量方法中，渗透转化的数学思想方法，发展学生实际解决问题的能力。

3. 情感与态度

【情感】借助生活经验，通过操作体会“体积与容积”以及“体积和容积单位”的概念与实际意义，激发学习数学的兴趣。

【习惯】(1) 培养学生运用数学的方式方法研究数学问题的习惯，即发现问题后，按照观察、猜测、实验、推理、验证、归纳的过程去解决问题。(2) 初步养成自主探索，善于思考，善于归纳总结的良好习惯及思维品质。

单元思考

本单元的学习是在学生已经直观认识了长、正方体的特点，认识了长、正方体及其展开图，理解了长、正方体的表面积的含义及其计算方法的基础上进行的。

“体积与容积”是这一单元的起始课，也是核心课。本单元的学习是学生认识上的一个飞跃，同时对体积与容积的理解又是进一步学习体积的计算方法等知识的基础，是发展学生空间观念的重要载体。

就概念而言，体积与容积是小学数学图形与几何领域的重要基础性概念。体积指物质或物体所占空间的大小，容积指容器所能容纳物体的体积。体积与容积共同的内涵核心是“所占空间的大小”，建立“空间大小”观念是理解这两个概念的关键。

体积是指物体三维空间的大小，容积则是物体三维空间内部的局部空间的大小。这说明容积内涵包含于体积内涵之中，体积概念是容积概念建立的基础。但二者又完全不同，或许有些“大小高低”之分。容积表示的是容器所能容纳的物体的空间大小，是用等量填充物的体积表示容器内部空间的大小。所以，体积概念的建立重心在空间大小观念的形成，容积概念的建立重心在所容纳物体体积与容器内部空间大小的等量观的形成。由此可见，这两个概念在教学意义上是处于不同维度的。

本单元教材呈现的学习序列是学习体积与容积，再学习体积（容积）单位及长方体体积的计算，其编写体现了从学生的已有生活经验出发，使生活经验和动手实验相结合，在充分感知的基础上理解体积的含义。在动手操作中渗透把未知转化成已知来解决问题的重要思想方法。

课例分享

一、教学背景

课前，我从五（1）班选取了18个同学（高、中、低各6人）进行了调研，主要想了解学生对体积与容积的认识达到了什么程度，他们在学习中可能会出现哪些困惑和问题。

问题设计与调研结果如下：

（1）出示两个带盖的瓶子（一大一小）。它们谁大？谁小？你是怎么想的？（100%的同学能给出正确答案。）

（2）出示一个土豆，一个小萝卜。你觉得它们谁大？谁小？你能设计一个实验来验证你的猜测吗？（66.7%的学生想到可以把它们分别放到有水的烧杯里，通过观察水面高低来分辨谁大、谁小，另外33.3%的学生不知所措，但和同学一起实验没什么困难。有40%的学生认为体积的大小与物体的质量有关。）

（3）出示两个不带盖的杯子。它们谁大？谁小？说说你的理由。（学生众说纷纭，有83.3%的学生不能准确地指出杯子的大小，只有16.7%的学生朦朦胧胧地意识到：一个无盖杯子的大小不能包括中间空气所占空间的大小。）

“体积和容积”一课是学生定量研究物体大小的开始，因此这节课显得尤为重要。通过调查分析，我发现，学生对体积和容积并不是一无所知的，他们有一定的生活经验，只是不能准确把握其含义，认识上有一些误区，尤其是不能准确把握体积与容积的联系和区别。

对体积和容积的概念，学生比较容易混淆，因为它们有许多相似之处。体积可以从两方面来理解：

内部体积，指一个空心容器内部空间的大小。

外部体积或占有体积，通常指一物体对其他物体而言占有一定的空间。

容积是指容器所能容纳物体的体积。因此，体积和容积可以看作是对物体外部和内部空间大小的度量。鉴于学生思维的形成和发展往往是离不开动手操作的，同时，他们对大小的感知都是从对比开始的，所以这节课我设计了一系列的对比实验活动，注重引导学生动手操作、设计实验，及时反思，让学生逐步体验体积与容积的联系和区别。

二、本课的学习过程与学习资源设计

乐学目标：

（1）通过具体的实验活动，了解体积和容积的实际含义，初步理解体积和容积的概念。

（2）在操作、交流中，感受物体体积的大小，发展空间观念。

学习重点：通过一系列具体的实验活动，初步理解体积和容积的概念。

学习难点：理解体积与容积的联系和区别。

学具准备：烧杯、长方体、纸箱、小正方体、土豆、西红柿、红薯、小萝卜等。

1. 创设情境

（出示课件：《乌鸦喝水》。）

师：看到什么了？想说什么？其中蕴藏着什么数学知识呢？我们今天这节课来研究。

［设计意图：利用众人皆知的故事导入，试图激发学生学习的

兴趣，同时也蕴含了“体积”和“容积”两个概念，以及两个概念之间的联系。]

2. 探究新知

（1）初步感知物体有大小。

出示：两个纸箱（一大、一小），两个烧杯、两个土豆等物品。

问：你认为纸箱和烧杯哪一个比较大？

问：请你说一说生活中还有哪些物体比较大，哪些物体比较小呢？

[设计意图：利用已有的生活经验，初步感知物体的大小，为继续探索埋下伏笔。]

（2）通过试验，揭示体积。

先估计，再设计试验比一比土豆、西红柿、小萝卜、红薯等的大小。

（以土豆为例，将两个土豆分别放到两个装有同样多水的烧杯里。）

汇报：

①有什么变化呢？水面为什么会上升呢？（土豆在杯子中会占一定的空间）

②为什么水面的高度不同呢？

③两个土豆哪个大？说说理由。

师生小结：

①根据刚才的实验，我们知道了土豆占有一定的空间，而且它们占空间的大小是不一样的。其实，所有的物体都占有一定的空间。

②请你再举出一些物体占有空间的例子。

（学生举出各种实例说明物体是占有一定空间的。）

[设计意图：在活动中，学生感受到物体占有一定的空间，而且所占有空间的大小不同。学生经历了实验、观察、交流等探究过程，感知了体积的实际含义。]

（3）利用游戏，加深对体积的本质认识。

师：轻松一下，玩玩橡皮泥。

思考：什么变了？什么不变？

[设计意图：通过游戏，体会同一块橡皮泥，虽然形状改变了，但是体积不变。在游戏中加深对体积的本质认识。]

（4）比较两个长方体的体积。

师：你知道谁的体积大吗？先估计再比较。

[设计意图：通过比较两个长方体的体积，尝试用不同策略比较体积的大小，知道长方体的体积与长、宽、高有关系。]

（5）设计实验方案，感知容积的意义，感受体积与容积的区别。

①出示保温杯，把水倒入保温杯中。

问：看到了什么？为什么会出现这种情况？想说什么？

[设计意图：通过实验，激活思维，增强学生探索的欲望。为学生提供实物，进行直观操作演示，使学生充分感知容积的意义。]

②揭示容积的含义。

3. 评价体验

今天这节课我们研究了什么内容？你有什么收获？对于体积和容积的知识，你还想知道什么？

[设计意图：交流学习的收获，梳理所学知识，总结学习方法。]

第三章 学科间的整合

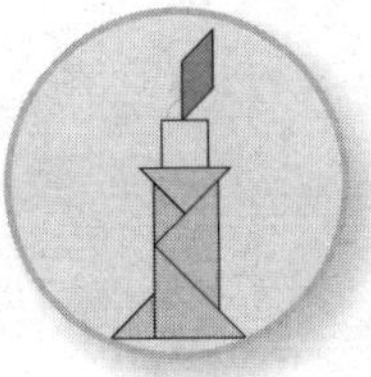

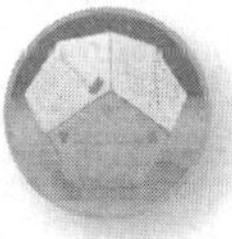

学科间整合概述

课程整合，一个主要内容是对性质相近学科的整合，是基于相邻知识系统有机联系起来的、比较容易实现的整合。在阐述学科间整合的内涵之前，我们首先需要明确几个定义：多元学科整合、科际整合和跨学科整合。

多元学科整合即以某一个主题为中心，将多个学科的知识按照一定的逻辑结构整合成一个学习单元。多元学科整合的特点是，教师仍旧采用分科教学，各学科之间保持相互独立的地位，学科特点影响教学目标和评价方式。

科际整合就是打破原有的学科界限，将所有的学科内容都整合成一个单元。加拿大的学者 Drake 根据不同的课程组织中心把科际整合课程分为四种形式：主题模式、科际概念模式、人际联系模式和基于概念的整合单元模式。它们在设计步骤上具有选择组织中心、设计基本问题、扩展出具体可行的教学活动以及提供相应的教学评价方法等共性。[1]

跨学科整合是美国学者福格蒂提出的，是与单一学科整合相对应的一种整合方式。“学科不再是组织中心，它们被融入单元或主题之中；非常重视课程与真实情景和世界的联系；学生作为研究者参与学习活动。跨学科整合课程的方法有时也可以应用于多学科或

---

① 韩雪．课程整合的理论基础与模式述评 [J]. 比较教育研究，2002（4）

科际整合课程中。”①

本文认为学科间整合比较接近于多元学科整合，是指教师在学科教学过程中，以分析学生特点、学科内容为基础，找到其他学科与本学科知识的联系点，即课程的整合点，然后对其进行发掘和利用，将相关的学科内容放在一起，组成一个新的学习内容，从而实现多维度的乐学目标，促进学生多种素养的全面发展。

按照整合学科之间的关系，学科间整合通常有两种方式。

1. 学科间并行整合②

学科间并行整合是指在进行整合时，学科间的关系是并列的，进行整合的两个或两个以上的学科知识内容同等重要。最常见的形式就是以一个主题为中心，围绕主题来选择和组织学科知识内容。

2. 学科间辅助合作整合③

学科间辅助合作整合是指学科间的课程整合以一门学科为主，其他学科的相关知识融入到、渗透到、借用到主学科中，为主学科服务。

本文所提的学科间的整合，更多是指以学生全面发展为指向的各个学科之间的融合关系，既不是追求这几个学科知识同等重要，也不是为某学科为主学科服务，而是在教学过程中，让学生在不同的学科上获得不同的发展。比如将数学和科学整合，不是实现数学和科学知识同等重要的整合，也不是追求科学为数学服务的整合，而是使学生获得生存智慧，发展学习力，从而体会大世界大数学的一个新型的整合数学课程。

对于“为什么数学与科学课程能够整合？”这一问题，已有研究者从两者具有的内在一致性方面作了回答。有的研究者从学科的视角出发，认为数学与科学具有许多本质联系，使得整合有了可能

---

① 韩雪．课程整合的理论基础与模式述评 [J]. 比较教育研究，2002（4）.

② 李玉珠．学科课程整合的实践探索、问题及思考 [D]. 首都师范大学，2007.

③ 同上。

性和必要性。这些联系包括：数学和科学都企图发现客观世界的模式和关系；数学和科学是以相互依赖的方式认识世界的；数学和科学与真实的生活情境相联系，在解决真实问题中需要应用不同的学科知识；数学和科学根本上都需要数量推理。还有研究者从课程的视角出发，探寻两门课程所具有的共同之处，认为共同之处越多，对学生而言越有意义，整合也越有效。这些共同之处包括：两者具有同样的活动，如科学探究和实际问题解决；两者有相同过程和技能，包括分类、测量、观察、收集和组织数据、交流、控制变量、形成模型、估计、试验、作图、推断、数据解释、做出假说、模式认可、预期；两者具有重叠的内容，包括平衡、守恒、恒等、测量、模型（包括物理的、数学的）、模式（包括趋势、循环）、可能性、反射、折射、度量、对称、系统、变量等。

根据学生学习的需要，数学与科学课程的整合，打破以往泾渭分明的学科间的界限，将统一的主题、问题、概念、基本学习内容加以融合，目的在于使学生在此过程中建立系统的思维方式，体验知识之间的联系。其中，以主题统领，开展跨学科整合的方式最具实效。

数学与科学课程的整合的意义是：能够使学生获得有关自然世界的数学和科学知识的同时，获得科学和数学的思维习惯；强调数学与科学概念间的联系将产生更有意义的学习，能使学生形成深度组织、相互联系的知识结构；基于学生个人、社会问题和兴趣的科学和数学的整合经历，可以增强学生的成就动机，并且这方面的经验有助于培养学生对学习科学和数学的自信心；数学与科学课程整合教学能够帮助学生理解知识的价值，改变学生对科学和数学的理解。

学科间整合的实践

◆“懂数学”的蝉

教学背景：

本节课以科学材料为研究背景，从蝉的生命周期出发，整合科学、数学、信息技术等多学科。通过预学、共学、延学等动态连续的学习过程，学生自主发现问题，并寻找解决问题的方法和途径，在主动参与操作体验的基础上理解质数和合数的含义，明确质数与合数的内在特征，知晓数学活动充满着探索与创造，感悟数学思想方法和数学的价值。学生在从数学的视角尝试解释自然现象的过程中懂得敬畏生命，敬畏自然。

乐学目标：

（1）在主动参与操作体验的基础上理解质数和合数的含义，明确质数与合数的内在特征，感受质数、合数、1与因数之间的关系。

（2）借助百数表经历数次操作体验的数学活动，把握质数与合数的特征，培养提出问题和研究解决问题的能力。

（3）初步认识数学与人类生活的密切联系，知晓数学活动充满着探索与创造，感受数学的严谨及数学结论的确定性。

（4）在研究质数的过程中丰富对数学发展的认识，尊重生命，感悟自然的伟大。

学习重点：理解质数和合数的含义；感受数学文化的魅力；尊重生命，感悟自然的伟大。

学习难点：能正确判断质数和合数。

一、课前交流，导入话题

1. 介绍昆虫的一般生活习性

师：同学们读过《法布尔昆虫记》吗？结合你昨天的预学，说说你对昆虫的了解。

生：我知道黄蜂的巢穴是六边形的。

生：一只昆虫可能有上万只眼睛。

生：卵是圆形的。

生：鱼的眼睛360度。

生：我补充一下，昆虫有上万只眼，这些眼睛，全都是复眼，昆虫的复眼都是六边形。

师：还有谁想说？

生：螳螂是昆虫世界的霸王剪刀手，基本上所有的昆虫它都能吃，但是语文老师教我们"螳螂捕蝉，黄雀在后"，不管螳螂在昆虫界多么厉害，它还是有天敌的。

师：也处在食物链中。

生：我想给补充一下。虽然"螳螂捕蝉，黄雀在后"，但是螳螂不是什么时候都能捕到蝉的啊！因为蝉只有20～40天时间是在地面上的，其余很长时间是在地下存储能量并躲避天敌的啊！

师：还有谁知道关于蝉或者其他昆虫的生活习性或者一生的呢？

生：蝉叫是为了娶妻，谁叫的声音比较大，谁就能娶到好的妻子，雄蝉有了孩子之后，就死了。幼虫先是咬一些树干，吸一些汁，

落地后在地下待 3 ～ 15 年。再爬出地面，再脱壳。

师：蝉发出“叫声”有三种情况。一种是受到惊吓，它会叫；一种是为了集结，它也会发出一种叫声；第三种叫声是为了求偶。这就是大家所说的蝉，我们这节课就一起聊聊蝉。

二、提出问题，合作探究

（1）给出图片介绍北美洲周期蝉——生命周期极为奇特的蝉。

预设：如果有学生说其出生命周期为 13 或 17 年，可以问如果不是这样会怎么样呢？

（2）出示动画解释什么是生命周期（蝉的一生）。

比如，有一种蝉，它的生命周期为 6 年，即它只在第 6 年钻出地面。这个夏天是他们生命中最后的季节了。它的一生有绝大部分时间都是在地下度过的，当我们看到它时，就迎来了炎炎的夏日，然后在短短数周内，相遇、交配、产卵、孵化，然后，它的幼虫又回到地底，等待下一个轮回。

师：有谁懂了？你有什么要问的吗？

生：一只蝉从出生到能会自己爬上树，是一个阶段一个阶段慢慢地变化。

师：这是蜕变。最后呢？爬到树上来了，要经过多久？

生：6年。

师：是这只蝉本身又回到地底了吗？

生：它的卵又回到地底，一遍一遍轮回。

师：蝉产完卵就死掉了，是它们的下一代又再次回到地底，这样每次是一个轮回，一个生命周期。

（3）哪些因素影响蝉的生命周期？

师：那大家想一想，影响蝉的生命周期的因素有哪些呢？

生：土质。

生：天敌的出现频率。

生：气温。

生：还有环境。

师：环境，刚才同学们所说的土质、气温都属于环境，大家还说到了天敌，这节课咱们就从天敌的角度来研究——研究天敌对蝉的影响。刚才同学说到“天敌的出现频率”，谁听懂他这句话的意思了？

（4）天敌的“出现情况”。

师：第2年的时候，飞来天敌能吃到蝉吗？

生：吃不到。

师：鸟飞走了。过了一年又来了，吃到了吗？

生：吃不到。

师：还在地底躲避天敌。第6年时呢？

生：就能吃到了。

师：就会遭遇天敌。谁能整个说一说，这种蝉的生命周期是几年？

生：6年。

师：6年，只有在第6年出现在地面上，爬上树再脱皮成为成虫，它们在树上的生活只有20～40天这么短，其他时间都在地底下度过的。

问题 1（共学单）：

假设蝉的生命周期为 6 年，它会遇到几年“出现一次”的天敌？

请你先猜一猜，再用你喜欢的方式，画一画，写一写。

师：一分钟时间，小组内先交流交流，也可以不改变你的研究方案。

（小组交流一分钟。）

师：哪一组想先说一说？

生：我来代表我们组汇报。我们组认为一年又分为四个季节，分别是春天、夏天、秋天和冬天，春天的时候会有一些天敌到来，夏天的时候它的天敌也会到来，到秋天的时候天气变冷，它的天敌不会出现，冬天也不会有天敌出现。我们组假设有可能在第一年的时候，它还在地底下，有可能第二年天敌来了，在春天或者夏天，来侦察。

师：一年四季，蝉只可能在某一年的夏天出现在地面上，那你们组的结论是什么？

生：我们组认为那只蝉会碰到 1 年就来一次这里的天敌，还有 2 年就来一次这里的天敌，3 年来一次这里的天敌。

师：怎么记录啊？记录 2 代表什么？

生：2 代表“2 年出现一次”的天敌，而不是它吃两次。

师：那我们就记录“1”“2”“3”。

生：我有个质疑，我认为 4 年也有可能。

师：为什么啊？

生：因为 4 年的话，如果天敌在第二年时来一次，然后第六年它出来的时候又来一次，那怎么办？

师：别着急，谁还能来帮助解答这个问题？

生：4 年的话第一只蝉吃不到，吃它后代。

师：吃它第几代？

生：第二代。

师：这个问题更有意思了。我看见大家在研究中都遇到一个关于蝉和天敌起始时间的困难，不妨今天咱们假定起点相同。再举个例子，如果蝉的天敌出现一次的周期是5年，它能吃到这种蝉吗？

生：能，这样就好说了。

师：在什么时候能吃到？

生：第五代？

师：一共多少年？

生：30年。

师：一共是30年。真了不起！听到一个最小公倍数，30年。我们再想一想，还有哪些可能。天敌“出现一次”按年记录，1到20年，还有没有遇到生命周期为6年的蝉的呢？想好了请举手？

生：有，还有4年的。

师：刚才有同学质疑4年，那天敌4年出现一次，什么时候会遇到生命周期为6年的蝉呢？

生：在第二个轮回。

师：谁的第二次轮回？

生：蝉的第二次轮回。

师：也就是第二代，12年。天敌第三次出现刚好可以相遇，真好。还有吗？

生：还有8年出现一次的也可以遇到。

师：可以？请你解释一下。

生：因为6和8的最小公倍数是24。

生：就在第四代的时候可以吃到。

师：正确。那我给大家说一个，当天敌每18年出现一次的时候也能遇到这种蝉，谁能反驳我？

生：因为这儿是18，18除以6等于3，能整除就能吃到。

师：他说能整除就能吃到，从 6 的什么角度考虑？6 的倍数角度考虑，还有吗？

生：我认为 24 年出现一次的天敌也能吃到这种蝉。

师：也能。12 年能不能？

生：（齐）能的。

师：这么多，看来天敌每 1 年到 20 年出现一次都有可能吃到这种蝉，蝉命运太悲惨了啊！这么多数据要去算，太复杂了。咱们怎么研究啊？

生：能吃到蝉的天敌，它出现的年次必须能被 6 整除，或者是 6 的因数。

师：好，很好，咱难的不会，想简单的，多的不会想少的，这节课不妨我们先从天敌出现 1 次，以 1 到 20 年为例来研究，好不好？到底都谁能够把生命周期为 6 年的蝉吃掉？主要将“凶手”分为两类：一是从因数角度考虑，蝉只要出现就必定能相遇；还一种从倍数角度考虑。这节课我们就从因数、倍数角度寻找天敌，记录：1，2，3，6，12，18（如下图所示）。

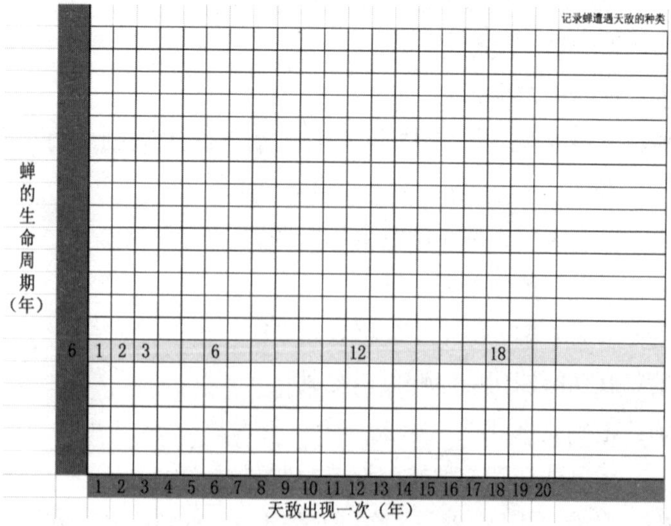

师：看来生命周期为 6 年的蝉，它的生存很危险呀！刚出地面就有 6 种天敌在等待着它呀！

问题 2，拓展研究（共学单——完善 20×20 表格）：

蝉的生命周期（年）

20	1	2		4	5					10										20	6
19	1																		19		2
18	1	2	3			6			9									18			6
17	1																17				2
16	1	2		4				8								16					5
15	1		3		5				因数						15						4
14	1	2					7							14							4
13	1												13								2
12	1	2	3	4		6						12									6
11	1										11				倍数						2
10	1	2			5					10										20	5
9	1		3						9									18			4
8	1	2		4				8								16					5
7	1						7							14							3
6	1	2	3			6						12						18			6
5	1				5					10					15					20	5
4	1	2		4				8				12				16				20	7
3	1		3			6			9			12			15			18			7
2	1	2		4		6		8		10		12		14		16		18		20	11
1	1	2	3	4	5	6	7	8	9	10	11	12	13	14	15	16	17	18	19	20	20
	1	2	3	4	5	6	7	8	9	10	11	12	13	14	15	16	17	18	19	20	

天敌出现一次（年）

你还想研究其他生命周期的蝉，它们的生存情况是怎么样的呢？研究范围为 1—20 年，请你们小组分工，研究生命周期为 1 年、2 年、3 年……20 年的蝉，它们遭遇天敌的情况又是怎样的呢？

师：我们用一分钟在小组内先商量下这个问题怎么解决。

生：我们组打算分工来完成。一人画一段，一段五个，一起画。

生：我给我们组补充一下，我们打算拿不同颜色的彩笔画出天敌出现的年份。

师：最后小组组长汇总你们组的数据，小组交流、讨论后得出你们组的结论。

生：我们组发现了这（20×20 表格）里面的一个特点，就是对角线位置 1、2、3、4、5……20 是连续的，它是一条“分界线”，“分界线”下边全都是倍数，上边全都是因数，大家还有什么问题吗？

生：我给你们组提个问题，比如说因数那一部分、倍数那一部分，还有其他的规律吗？

生：我们还发现这边的因数（区域）里，所有的都有 1，并且每隔一个就有一个 2。

生：我还给你们一个建议，下次可以把可以吃掉的用彩笔涂一下，这样大家看得更清楚。

生：我来补充一下，我们找比如说 3 的因数和倍数，然后发现了 1，我们先把 1 这一排先画出来，3 是 3 的因数，6 是 3 的倍数，9 是 3 的倍数，12、15、18 都是 3 的倍数，找出 3 的因数和倍数，即它的天敌出现的周期。剩下的我们也都是这么做的。

（5）揭示概念。

预设：如下图所示，如果你是蝉你选择多少年作为自己的生命周期呢？

蝉的生命周期（年）																					记录蝉遭遇天敌的种类
20	1	2		4	5					10										20	6
19	1																		19		2
18	1	2	3			6			9									18			6
17	1																17				2
16	1	2		4				8								16					5
15	1		3		5										15						4
14	1	2					7							14							4
13	1												13								2
12	1	2	3	4		6						12									6
11	1										11										2
10	1	2			5					10										20	5
9	1		3						9									18			4
8	1	2		4				8								16					5
7	1						7							14							3
6	1	2	3			6						12						18			6
5	1				5					10					15					20	5
4	1	2		4				8				12				16				20	7
3	1		3			6			9			12			15			18			7
2	1	2		4		6		8		10		12		14		16		18		20	11
1	1	2	3	4	5	6	7	8	9	10	11	12	13	14	15	16	17	18	19	20	20
	1	2	3	4	5	6	7	8	9	10	11	12	13	14	15	16	17	18	19	20	

天敌出现一次（年）

生：我代表我们组进行发言，如果我是蝉我会选 19、17、13 或 11 年。从天敌的种类统计数据（如上表右侧数据所示）

看，19、17、13 或 11 年时蝉只会遭遇两次天敌。

生：我们组认为越大的质数越好，因为第一大的话，它的倍数就少，要是质数的话它的因数就会少，假如是很大的质数的生命周期的话，那被吃的概率就会比较小。

生：我同意他的说法，蝉的生命周期是 1 到 10 年的，既能被因数天敌吃掉，也能被倍数天敌吃掉。11 到 20 年的，被吃掉的情况相对较少。

师：看来蝉还真挺懂得数学的啊！大家看看，生命周期为 19、17、13 和 11 年的蝉，到底有什么特点？

生：它们只有两次遭遇天敌。

师：哪两次？

生：1 和生命周期自己本身。

师：谁听懂他说的话了？

生：他的意思是说，它只能被 19 年来一次的天敌和 1 年来一次的天敌吃掉。

师：是这样吗？这里还有谁跟这 4 个数有同样的特点？

生：还有 3，还有 5，还有 7。

生：还有一个，就是 2。

生：我觉得说白了就是找 20 以内的质数。

师：如果我把 1 到 20 这些数进行分类，分成两类的话，你怎么分？

生：除了 1 和自己本身不能再分的数是一类，因为除了 1 和它自己本身外不能被任何数整除的数，叫质数。

师：1 到 20 内都有哪些呢？

生：2、3、5、7、11、13、17、19。

师：那么剩下的呢？

生：合数。

师：都有谁呢？

生：4、6、8、9、10、12、14、15、16、18、20。

师：我们自己分的方法就是数学中非常重要的概念。在你看来，什么是质数？什么是合数？

生：质数指的是除了 1 和它本身之外没有数能整除它。

生：我认为质数是除了 1 和它自己本身是它的因数以外，其他数都不是。

师：也就是它只有两个因数。那么合数呢？

生：合数就是有三个，就是有两个以上的因数。

师：两个以上，说对了。换句话说也就是……

生：就是这三个数，分别是它自己、1、另一个数。

师：除了 1 和它本身之外还能找到其他的因数。比如说 20，咱们只要找到谁，就能说明它是合数呢？

生：4、2 都可以。

师：学到这里，关于质数和合数你还有什么不明白的吗？或者还有什么问题吗？

生：就是质数和合数之间，1 不是质数也不是合数。

师：谁听清楚他的话了？这是为什么啊？

生：因为 1 只有一个因数。

师：那 1，单分一类。

生：2 是唯一一个偶质数。

生：我有一个问题，有没有除了 1 和质数、合数之外的数？

师：有吗？怎么确定一个研究的范围呢？

生：正整数。

师：还可以怎么说？

生：非零自然数。

生：刚才同学说了，质数 2 是唯一一个偶质数，合数里边 9 是唯一一个奇数。

生：15，也是奇数啊！

师：在另外一个班，有同学问我："王老师，质数、合数谁多？"

生：我觉得一样多，如果没有范围的话。

生：我觉得，必须在一个范围里找吧，看某个范围内质数多还是合数多。

师：比如 1 到 20，谁多谁少？不给范围又会怎么样？

生：那是没有办法确定的，因为你不能用一个有限的眼光去看无限的自然数。

师：哲学了，没有范围没法比较，谁多谁少，都是无限多个。

三、拓展提升——质数研究的历史

2013 年 1 月 25 日，美国中央密苏里大学数学教授柯蒂斯·库珀领导的研究小组发现了已知的最大素数（质数）：$2^{57885161}-1$。如果把它完整地写出来，它有超过 1700 万个数位，能够写满 13000 页的 A4 纸。

梅森系数：这也是第 48 个梅森素数。由于这种素数珍奇而迷人，因此被人们誉为“数海明珠”。自梅森提出其断言后，人们发现的已知最大质数（素数）几乎都是梅森素数，因此寻找新的梅森素数的历程也就几乎等同于寻找新的最大素数的历程。

毕达哥拉斯系数：毕达哥拉斯质数是指可以表示为 $4n+1$ 形式的质数。

欧几里得算法：关于素数，最古老的问题是，素数有多少个？欧几里得在《几何原本》中，最先证明了素数有无穷多个。

高斯定理：算术基本定理，又称正整数的唯一分解定理。

哥德巴赫猜想：①每个不小于 6 的偶数都可以表示为两个奇素数之和；②每个不小于 9 的奇数都可以表示为三个奇质数之和。

陈氏定理：1966 年陈景润发表《大偶数表为一个素数与不超过两个素数的乘积之和》（简称“1+2”），成为哥德巴赫猜想研究上的里程碑。而他所发表的成果也被称为陈氏定理。

四、再谈质数蝉，引发思考

师：通过这节课的学习研究，现在你知道蝉为什么选择这样的数作为自己的生命周期了吗？

生：最大限度避免被天敌吃掉。

师：真是这样吗？其实在北美洲还真有这样的周期蝉，其生命周期非常奇特，分别是 13 年和 17 年，在北美洲东北部都是 17 年蝉，南边都是 13 年蝉。看起来，蝉是懂数学的。它真的懂吗？（启发学生思考：蝉利用蝉海战术战胜灭亡，它是当之无愧的数学家和军事家。）

生：我们组觉得这些蝉都很聪明，因为 13 和 17 都是质数，并且还都很大，非质数约数年份，就不会被吃掉了，然后如果质数越大，它的后代就更少遭遇天敌。

师：比如北美 13 年周期蝉，多久会遭遇 2 年“出现一次”的天敌呢？ 26 年。

生：这一切的一切只为了躲避天敌。那是一种生命的守候啊。大自然的造化。

师：到底是谁在进行这样精巧的设计？到底是谁？

生：物竞天择，适者生存。（上升到人——给人一个警醒——要有危机意识，珍惜生命。）

生：在物种的竞争中，这个“天”的意思是自然，就是谁适应这个环境，谁就能活下来，而蝉里面，我认为这种蝉适应了自然。“物竞天择”的下一句是“适者生存”。我认为这个蝉会总结，它们是其他生命周期时肯定经常吃到苦头。

师：自 17 世纪中叶起，科学家就一直对周期蝉的生命周期困惑不已。科学家就从质数这个角度，进行了一个解释，但迷雾仍未散尽。虽然经过了这样精巧的推导，但我们仍未有一个好的理论，来证实周期蝉是如何算准 13 或 17 年为一个周期的。

生：为什么目前发现的周期只有 13 和 17 两种？为什么大多数蝉的周期并不是这样的？

师：是的，这些都是问题，这节课我们是从质数的角度研究的。这也是现在很多科学家探索的课题。要从根本上揭开周期蝉的秘密，需要很长的时间，必须有足够的耐心才行。这些都等着大家去探究。科学研究就是一个不断探索的过程，不断提出假设、验证的过程。这也是大自然吸引人之处，多少奥秘在其中，大自然的数学又有多少啊。谁能说说自己的发现？

生：蜂巢上有六边形。

师：通过这节课的学习，你想到了蜂巢，真好！

生：一般蜘蛛织的网都是八边形。

生：我知道叶脉和叶柄的比例是黄金分割数。

生：我知道大树可以记它活了多少年。

生：还有珊瑚虫可以在自己身上刻条纹来记录自己过的天数。

师：刻了多少条啊？

生：365 条。

五、课堂小结

师：通过这节课的学习，你有哪些收获，或者还有什么问题要问？

生：我的收获就是：我知道了什么是质数，什么是合数。

生：我的问题是：别的一些动物是怎么躲避天敌的？

生：我知道 2 是唯一一个偶数质数。

生：我知道 1 既不是质数也不是合数。

生：我的收获是：要有序研究问题。

生：我有个问题：表格里的数还有其他规律吗？

生：我知道蝉是怎么躲避天敌的。

生：我的问题是：除了天敌以外，蝉还有什么需要躲避？

师：研究还可以继续，下课。

（本课例由清华附小王建刚整理）

◆基于信息技术（iPad）整合的小组化学习

——以“四边形的分类”为例

随着信息化的飞速发展，高科技成果也逐渐走进教学课堂，iPad 作为一个专门的移动教学平台也开始走入中小学的课堂。目前，至少 50 个国家和地区已经或正在计划推广 iPad 教学模式。我们通过四年级的数学课，对 iPad 课堂和传统课堂作比较研究。

iPad 课堂为学生提供了动手操作和全程参与的机会，改变了学生的学习方式，记录了学生的学习过程，呈现思维路径，体现了电子书包、学科教学精细化的整合优势，颠覆了常规的教学模式，是“1+X 课程”整合学习方式的新载体。比如在小学四年级的数学中，几何初步知识，无论是线、面、体的特征还是图形特征，对于四年

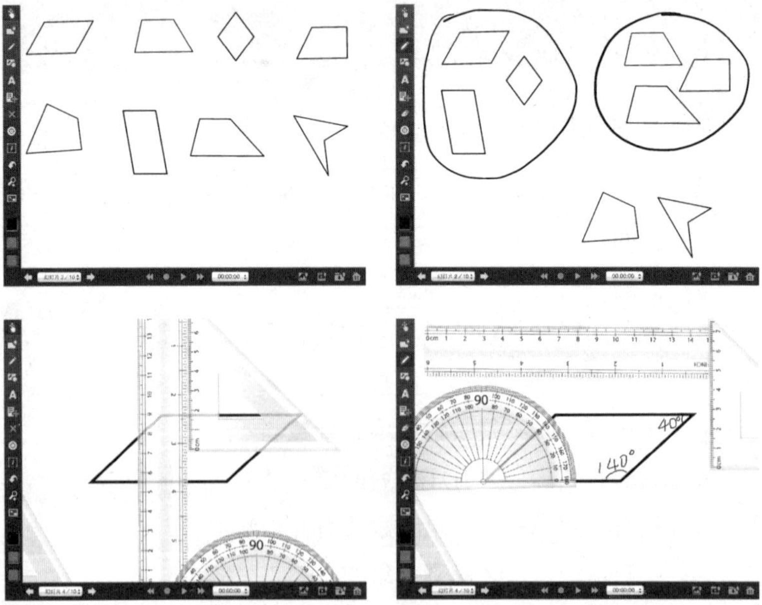

级小学生来讲，都比较抽象，也较难掌握。传统课堂上，学生用直尺、三角板、量角器，画、测固定的图形。例如，在“四边形的分类”这节课中，过去学生是看着黑板说出具有相同特征的图形序号，或者老师在 PPT 中移动各图形。而 iPad 进入课堂后，学生可以在 iPad 的软件中根据自己的已有经验研究各种图形的特点，然后按标准进行分类。同时，将 iPad 直接连接大屏幕就可向全班分享其作品，大大提高了课堂效率。

iPad 课堂上，教师在 iPad 的软件中给学生提供了自己动手操作的环境，给学生提供了创新的机会，搭建了个性发展的平台。学生利用 iPad 中的小软件“点格纸”，就可以在“纸”上画出刚刚认识的图形，还可将已画出图形改变形状和大小并保持其特征不变，也可以改变其特征，将之变成另一种图形（如下图所示），在游戏中更好地理解、掌握各种图形的特征。不仅如此，教师将精心设计的课件通过 iPad 展现出来，让学生全程参与解题的每一个环节，使学习新知识的过程变得更有趣，从而提高了学生上课的积极性。

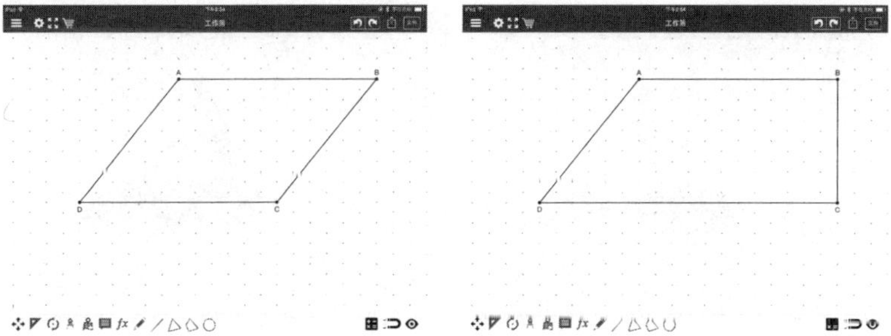

iPad 课堂提高了学生的学习自主性。在课堂教学中我们既要重视学习结果，更要重视过程，还要引导学生主动去探索、发现问题。传统课堂上，主要是老师在讲台上讲、学生在下面听，一堂课围绕老师的“教”为主，学生以记笔记的方式记录老师讲的重点，这样的课也被人说成是“填鸭式”教育；在 iPad 课堂上，以学生的“学”为主，支持学生进行自主探索。在比较平行四边形和梯形的特征时，传统课堂的教师会使用PPT制作幻灯片，给学生展示“切”的过程，学生体验不到为什么要这样“切”。而用iPad授课，学生不仅能体验到为什么这样“切”，还能总结失败的原因，在“切”的过程中（如下图所示）学生再次理解了平行四边形和梯形的特征。不同的学生“切”出来的作品形态、大小不一样，图形的特征却又相同，这大大提高了学生自主学习的兴趣。从传统课堂中教师引导孩子学习，到信息化课堂中孩子自主学习，是一种教育理念的进步。学生是学习的主体，学生也只有通过自主学习的探索，才能真正对所学的内容有所领悟，逐步形成自己的学习能力。

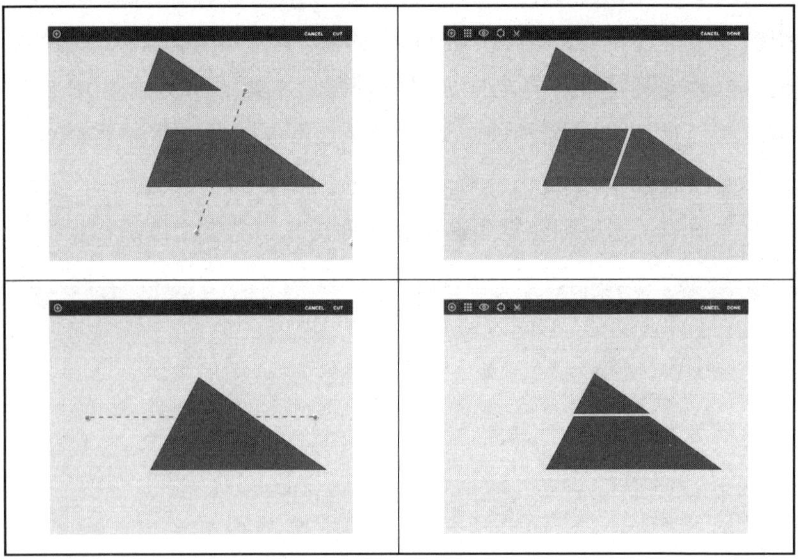

iPad课堂提供了情景化教学氛围，为学生带来多方位的感知训练。iPad创设了一个生动有趣的教学情境，化无声为有声，化平面为立体，使学生进入一种生动活泼的学习氛围，它克服了传统教学中静态呆板的缺陷，让学生通过动手、动脑、动口等多层次的感知，多角度的思考，获得鲜明、生动和形象的认识。传统课堂上，教师在PPT里将图形标好序号，学生说出相同类型的图形序号，学生需要抽象地理解分类标准。这种课堂不能直观、明显地给学生视觉的冲击，不利于学生在探究时找出各个图形的特征。如果课前用纸剪好图形，工程量比较大。iPad 课堂上，教师做好基本图形，用动画、视频等形式，结合生活中的场景，将科学性与趣味性融为一体，课上学生可以很快投入到情景中去，调动大脑中储备的知识积累，更快地理解各个图形的特点。

iPad 课堂能够拓展学生的知识面。传统的教学模式是老师在课堂上讲课，布置家庭作业，让学生回家练习。iPad 教学模式则需要教师多层次、宽领域、针对不同水平的学生备课。而学生在课堂上根据教师的指导进行学习，除了基础学习，可以根据自己对知识的理解和接受程度，选择更适合自己水平和兴趣的学习内容，不再单纯地依赖授课老师的模式化讲解。学得快的可以多学一些，学得慢的可以多复习多巩固，这样不会形成有的同学“吃不饱”、有的同学“追不上”的两极情况，还能为一些学得快的同学拓展知识面，收到更好的教育效果。

iPad 课堂有利于培养学生的空间思维能力。数学的最大特点是集严密性、逻辑性于一身，其中培养学生的空间思维能力至关重要。学生的生活实际和所接触的事物大都和空间与图形有关，他们的生活经验是发展空间观念的宝贵资源。iPad 为学生提供了立体化的图形功能，能够帮助学生从不同的角度理解抽象概念的内涵与外延，其图形功能也有利于培养他们的空间思维能力和想象力，使他们能够在探索数学的过程中体会数学的学习方法，数学知识的生成和建构过程。同时，基于 iPad 进行小组化学习，学生运用 iPad 记录学习过程，教师通过 iPad 追踪和研究学生的思维路径，及时了解学生的思维特点，从而在以后的教学备课中为进一步培养和锻炼学生的空间思维能力提供有效的举措。

iPad 课堂开发了教育的新渠道。高科技作为一种传播媒介改变了传统教学，传统教学有场所、时间的限制，学生需要到固定的教室在规定的课表时间内上课听讲；采用 iPad 教学，教师将相关学习材料整理好制作成课件，学生能够自行下载学习。老师可以利用网络监控学生的上课记录，记录学生的学习档案，和每一个学生进行讨论交流。这种教育模式不受时间、地点的限制，在必要的情况下，甚至可以尝试进行远程教育。

使用 iPad 教学，能够推动学校教育方式的多样化发展，提高学生的综合素质和促进学生的个性化发展，实现一切以学生成长为中心、满足学生教育需求的目的。但是，在交流方面，传统课堂更能体现老师与学生之间直接的情感交流，老师能够通过学生的表情、关注力和肢体语言发现问题，评估学生对新知识的接受程度。而在 iPad 课堂中，老师和学生缺少直接的情感交流；iPad 教学效果的直观性和立体性，也影响了学生形象力的发挥；由于缺少技术上的投入与开发，配套的学习评价机制还不能与时俱进；另外，小学段的学生，由于年龄小，自控力差，很容易利用教学的空隙玩游戏，或者与同学谈论游戏内容。这些都是大规模推广 iPad 教学时需要慎重考虑的问题。

信息技术的应用，影响着学校形态的改变；工具与技术的改变，影响着教学模式的改变。推动学校的多样化发展，学生的全员性发展，学生的个性化发展，一切活动要以学生为中心。现阶段看，传统课堂与 iPad 课堂有互补的关系。也许随着科技的发展和教育方式的改进，iPad 课堂能够完全代替传统课堂。

第四章

课内外整合

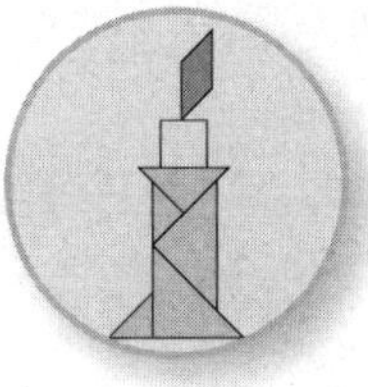

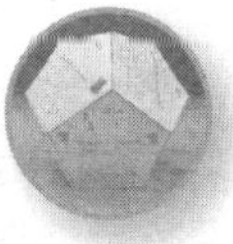

教材、教室、学校并不是知识的唯一来源，大自然、人类社会、丰富多彩的世界都是学生的教科书。所谓课内外整合，就是将知识学习与社会、世界相结合，也是与学生活动的整合。整合数学的课内外整合就是数学与生活，数学与学生活动的整合。

为什么要进行课内外整合呢?

首先，学生的学习和发展并不是被禁锢在学校的课堂之内的，而是时时事事处处都在发生着的。现在分科越发细致，学生的学习和生活的联系就出现了一定的矛盾，这不利于学生的综合性成长。每一个孩子的成长，并不是因为他上了一节课数学课就增长了一定的数学知识，而是一个综合的过程。将教育的视角拓展到课堂内外、学校内外，既能改善学校教育、家庭教育和社会教育“三张皮”剥离的现状，也能促进学生的综合性成长。

其次，数学来源于生活，应用于生活。传统的“分科化”的数学教学，将数学禁锢在课堂之内，将目标局限在知识技能上，将本来很好玩的数学打造成“人人谈数学色变”的枯燥、无味、没用的形象。数学的课内外整合，将数学与生活紧密整合，打造“有用的、好玩的”数学，保证学生浓厚持久的学习兴趣，人人都能获得数学上的发展。

最后，学生的发展是全面的综合的发展。全面综合的发展是表达能力、合作沟通能力、思考研究能力、创新能力等综合素养的发展。显然只关注课内资源不能达到这些育人目标。

“课堂小天地，天地大课堂”，生活处处皆教育。数学于生活，犹如盐在汤中。曾经一个德国学者有过一个精辟的比喻：15 克盐放在你的面前，无论如何你也难以下咽，但当 15 克盐放在一碗美味的汤中，你早就在享用佳肴时，把 15 克盐全部吸收了。这个比喻也表明数学、数学知识需要融入生活情境中，才能显示出活力和美感。数学知识和学生的生活是紧密相连的，学生的课内学习和课外活动是紧密相连的，要把这些密切相关的东西，从学生发展的角度统整起来，培养孩了综合运用知识与解决实际问题的能力。尤其是要对国家要求实施的综合实践课程进行二度整合，打破学科界限，设置“3C创新实践课程”，并将其纳入课表内，将课内与课外进行联系，挖掘课程资源，以培养学生动手操作的能力、解决实际问题的能力、实践创新的能力。

什么是“3C创新实践课程”？3C即care、connection、creation。具体说：

（1）care：原义为关心、关爱、在乎。我们可以将其引申为关心、关爱、关注。该词强调的是对除我之外的“周围”的一种关注，即对现实生活的关注、对周围环境（社会）的关心。这种关注的价值体现在以下几个方面。第一，它体现了孩子们的一种关心世界的情怀。第二，它也是孩子们进一步认识世界的基础。第三，它是孩子们解决现实问题的引子。

（2）connection（connect）：意为联系、连接。既然有了对现实的关注，就产生了将自己掌握的经验和知识与现实联系起来的可能，“连接”为两者架起桥梁。而且“连接”体现的不止如此，可以是知识和经验与生活的连接，也可以是孩子与生活的连接，还可以是孩子和社会中的人的连接。在这个过程中，孩子们的综合素养将获得全面提升。

（3）creation（create）：意为创新、创造。这是解决问题后对现实生活问题的反馈。孩子们在解决现实问题的过程中，在解决问题后，可以获得新的方法、新的结果、新的建议、新的解决方案，而哪怕是一种新的经验，对孩子们来说都是弥足珍贵的。

做数学

做数学概述

分享一下做“3C 小课题”的心得体会。

一、什么是“小课题”？

这里“小课题”的“小”，语意双关：一方面指的是适合小学生做的课题，故要小；另一方面，这个“小”是指“仿”课题研究，是学生力所能及可以解决的。

“小课题”研究是指学生自行或在教师引导下在自己的“最近生活”中发现问题、提出问题，并以个人或小组为单位设计解决方案，在一定时限内开展的分析、解决问题的仿科学研究活动的过程。“小课题”研究是一种由“校本化”进而“本校化”的综合实践活动，本质上是一种解决问题的活动，它有别于学习具体知识的探索活动，更有别于课堂上教师的直接讲授，它是通过问题引领实现学生全程参与、实践过程相对完整的学习活动。

二、“小课题”研究的定位是什么？

“小课题”研究是小学综合实践活动的“高级”表现形式，适合在中高年级开展。“小课题”研究是对传统课程教学的一种超越，学生在一个与现实生活息息相关的学习环境中，习得适应未来社会生活所需要的知识、方法、能力和态度。其基础是学生的生活经验和兴趣，“小课题”把学生的学习和社会现实综合地联系起来，指导学生用研究的方式进行学习，培养学生的创造力和动手能力，使学生学会综合运用不同的知识。严格地说，它不仅仅属于“数学”，也不属于“信息”“科学”，它超越了具有严密的知识体系和技能体系的学科界限，它是“整合”的。

让学生做“小课题”研究，就是要让他们在做仿“研究”的过程中，第一，培养发现课题、自己学习、自己思考、自己作判断，进而解决问题的能力；第二，培养新的学习方法和思考方式，尝试用研究的方式解决问题。

三、“小课题”研究的价值是什么？

“小课题”研究引导学生主动质疑，经历简单的数学化过程，将实际问题抽象为数学问题，自主设计解决问题的方案，实施并有效地呈现实践成果，逐步积累运用数学解决问题的经验，在这个过程中生发体验，激活思维，引发灵感，孕育创新。

“小课题”研究通过问题让学生把学习的数学、信息、科学等学科在生活背景下整合起来，在解决问题的过程中体会数学不仅仅是自成逻辑体系的学科，更是应用广泛、与其他学科密切联系的学科。“小课题”研究可以帮助学生明白，学数学不能仅限于字面上的理解，而要感悟、体验数学应用，不做就不能真切体会，不做就不能在这方面积累经验。

四、怎么做“小课题”研究？

“小课题”研究包括几个基本的步骤：

确定主题——问题筛选。本环节中学生自主或在老师指导下选择一个能做且“值得”做的研究问题。

制订活动计划——流程提示。说说做什么，大概如何做，时间节点是什么。

活动实施——真实记录。本环节学生实施研究，做好要做的事情，可以自己做，也可以与别人一起做，这是“小课题”研究的实施过程，类似于完成研究的过程。

研究总结——收获、反思。要说说自己做了什么，做出了什么。这个环节中，学生展示自己的研究成果，反思自己的研究历程，梳理自己的研究收获，甚至结合研究提出合理化建议或畅想。

从上面的基本步骤不难看出，学生开展的“小课题”研究的确是一种“仿”课题研究，本质上与做研究的过程是一样的：选题——选择研究问题；开题——告诉大家做什么、为什么做、如何做、可能有什么结果、有什么难处、如何克服等；做题——按照预想解决问题、根据实际需要调整策略等；最后，结题——以各种形式报告结果，可以通过报告、文章、实物等展示成果及它的意义。

在“小课题”研究中，能够初步尝试选择适合自己的研究问题、选择自己可以驾驭的“语言”（符号、图表等）表达方式、独立或与同学合作实事求是地开展研究，比较清晰地经历“有计划有目的做事的过程”。这是一个“把问的权利交给学生、把讲的机会让给学生、把做的过程放给学生”的过程，这更是一个不断探索、不断创新、不断完善提高的过程。不可否认，此过程中学生完成“小课题”周期长，学习效果、能力提升程度不会立竿见影，这又是一个慢的过程，但这又是一个值得慢的过程。

五、如何开发适合学生做的“小课题”？

1. 回归学生质疑——将课堂质疑的问题作为素材

当下，清华附小正在进行“1+X 课程”改革，“小组化学习”是主要的学习方式。在小组学习中，学生质疑、分享，激发出思考的火花。在学习“长方体的认识”一课时，学生畅谈自己的收获和问题，一个小组提出了这样一个问题：“一个正方体，若我们将其切一刀，切面（所产生的截面）会是什么形状？”一石激起千层浪，学生马上在小组内展开了热烈的讨论，马上找到了如下三种情况：

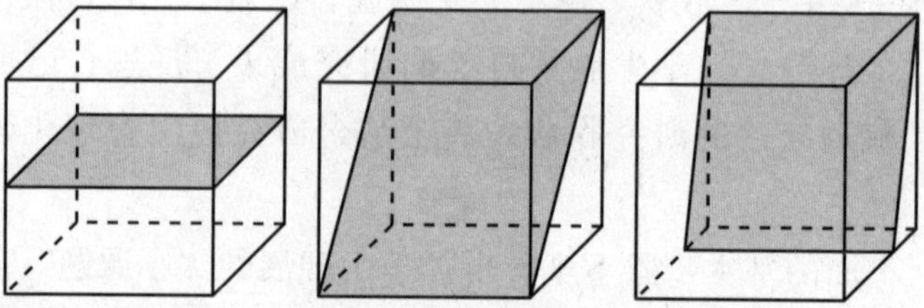

可以结束了吗？不，不期而遇的教学资源出现了，必须抓住！但课上时间已经不允许作进一步深入探究了，怎么办？一个“小课题”生成了——正方体切一刀，截面是什么形状？于是学生带着问题展开了为期两周的“小课题”研究。

2. 回归教材——将教材内容适当延伸作为素材

有时适当延伸教材内容，也能生成一个很好的选题。比如，五年级下册教材中有“成长的脚印”这一课，将估测脚印的大小改为估测一片树叶的面积，给学生布置了“关于森林的调查报告”这一实践活动，要求学生的报告中要涵盖以下四方面内容。

（1）估测一片树叶的面积。

（2）解决“科学家研究发现，在有阳光时，大约每 25m^2 的树叶一天所释放的氧气可供一个人呼吸。如果这棵树有 10000 片树叶，那么在有阳光时，这棵树一天所释放的氧气能满足多少人呼吸的需要”这一问题。

（3）利用网络或其他资源查找有关森林的资料并整理。（森林对环境的作用、森林的现状……）

（4）畅谈自己的感受。

几周后，一份份内容翔实、充满探究精神的实践报告陆续地“新鲜出炉”了！

在实践活动中，不仅全体学生加深了对估测不规则图形面积的理解，而且有的学生居然还知道运用以前所学过的统计图表的知识来直观展现目前森林资源的现状。更重要的是，学生在活动中感受了森林的价值与面临的窘境，从而提升了学生对环境保护的认识。

六、3C创新实践课程纲要（以五六年为例）

<table>
<tr><td>课程名称</td><td>3C创新实践课程</td><td>课程类型</td><td>优化整合的国家基础性课程</td><td rowspan="2">授课对象</td><td rowspan="2">高年级全体学生</td></tr>
<tr><td>执教教师</td><td>数学（科学）老师</td><td>授课时间</td><td>周五（周四）下午</td></tr>
<tr><td>课程目标</td><td colspan="5">1. 在主动、积极的环境中，呵护好奇心，增强信心，激发想象力和创造力，体验快乐。
2. 在观察和认识问题时，能够主动寻找联系，把握现象背后问题要素的关系，从中发现问题和提出问题。
3. 经历“发现、提出问题，分析、解决问题”的过程，逐渐培养敏锐的数学眼光、良好的数学思考习惯、动手实践的意识。
4. 运用所学的知识和方法解决现实生活中的问题，获得一些初步的实践活动经验，掌握研究性学习的一般过程和方法，体会乐趣。
5. 养成从不同角度思考问题的习惯，追求解决问题方法的多样化与创造性，提高搜集、整理、分析信息的能力，增强结果阐述和讨论的能力。
6. 在实践活动中，逐渐培养创新求真意识、质疑批判精神等，提升综合素养。
7. 养成乐于合作、懂得分享、积极进取、遵守秩序等良好的个性品质。
8. 形成对人、自然、社会的内在联系的整体认识，关注细节，发展对自然的关爱，对人类的热爱，对社会的热爱。</td></tr>
</table>

续表

课程内容或活动安排 （课程内容结构合理，内容明确，重点突出，活动安排适当，可操作性强；列出三级提纲目录。）	3C 创新实践课程以主题为牵引，以“小课题”形式推进，挖掘课内的应用因素，引导学生课内外相结合地解决实际问题。其中，五年级的主题为清华附小的植物，六年级的主题为清华附小的建筑。 1. 五年级——附小的植物： ◇ 统计（统计学校的树种、分布及棵数） ◇ 测量（测量大树的高度） ◇ 估算（估计附小大树树叶的面积） …… 2. 六年级——附小的建筑： ◇ 寻找（寻找最美的建筑） ◇ 测绘（实地测量绘制建筑的平面图） ◇ 模型（按比例制作建筑的实物模型） ……
课程实施建议 （含教学方法、组织形式、课时安排、场地环境、技术设备、班级规模等。）	3C 创新实践课程以主题为引领，以“小课题”为载体，以研究性实践为教学方式，主要采用课内组织学生讨论加课外小组合作实践研究相结合的方式进行教学。以现有教学班级为基本班级，组成研究团体。每周五下午 2 课时，近 90 分钟。 此课程会根据主题中“小课题”的研究需要，适当地让孩子们走出课堂，走进校园，走进大自然，利用一切可以利用的资源、方法、策略进行研究。 常规的创新实践课程，一般可分为以下几个环节：给学生提供课题背景，学生搜集有关的信息、认识和确定问题；根据问题确定调查提纲或待查信息，制订研究计划，确定调查方案；利用课余时间上网或进行相应的调查；综合实践，自主解决问题，必要时寻求适当的指导帮助；讨论交流成果，师生相互欣赏、质疑、评价。在这个过程中，首先鼓励个人钻研，独立思考，在此基础上，学生可以组成小组，集体讨论，互相启发，分工合作，探求解决方案。 以课题“清华附小植物大调查”为例进行简要说明：

续表

课程实施建议 （含教学方法、组织形式、课时安排、场地环境、技术设备、班级规模等。）	1. 课题介绍。 介绍我们生活的地球上林林总总的植物，展示我们多彩的大自然，给出一些报刊、网络上的数据等资料（可以结合科学内容），调动孩子们的兴趣。 引入我们的课题：我们所在的清华附小植物有多少呢？种类有哪些呢？ 2. 任务分工。 分组，成立调查小组，组内角色分工（记录员、调查员等）。 建议校园分区，如博雅区、操场区、启程区、修远区等。（提供清华附小校园平面图） 3. 组内讨论。 各调查小组设计调查计划，预料调查中可能出现的问题和重点（如随时记录心得、观察资料、按区记录），形成文字方案。 展示方案，教师给出建议，确定方案。 给出时间，问题答疑。 4. 校园植物大起底。 学生们按分组在校园里调查、记录、收集结果。 结果包括区域、种类、数目（提醒：设计好表格）。 以表格的形式呈现，给出初步结果。 5. 整理前讨论。 结合初步结果，讨论整理数据的角度、方式（如统计表和统计图、思维导图）以及需要解决的问题，计划汇报时的内容及重点。 明确下一步的计划。 6. 查阅资料。 通过各种途径（如书籍、上网），了解植物种类分类的角度（如纲、属、种）。 利用查找的资料，多角度（如纲、属、种）标注调查到的植物的种类。 7. 整理数据。 设计表格，绘制植物的统计图和统计表、思维导图等。 8. 汇报展示及讨论。

续表

课程实施建议 （含教学方法、组织形式、课时安排、场地环境、技术设备、班级规模等。）	结合调查报告的要求，根据所收集的数据，以及在调查过程中的感悟撰写《清华附小 ×× 植物的调查报告》（题目也可自行拟定）。 全班汇报自己小组的调查过程，展示调查结果。（建议：限时汇报）全班对小组的调查结果进行讨论。 建议：每个学生写一篇小报告，记录该课题从问题提出、小组讨论，到实际调查、收集整理、结果展示的整个过程，谈谈收获和心得。
课程评价建议 （主要是对学生学业成就的评定，涉及评定方式、记分方式等。）	3C 创新实践课程不以考试或量化的手段对学生进行终结性评价，因此评价要突出发展、注重过程，要体现多元、关注差异，要强调自评、注重反思。 评价时，关注以下几个方面。 1. 实践过程中学生的情感、态度和价值观的发展状况。 （1）学生参与活动的主动性、积极性和创造性。 （2）学生在活动中的合作精神，如：是否认真参加活动、努力完成自己所承担的任务，能否与他人合作、采纳他人意见等。 （3）学生各种良好思想意识的发展状况，如：环境保护意识、社会责任感、服务意识、安全意识、效率意识等等。 2. 实践过程中学生的行为能力、交流合作能力及创新发现能力。 （1）学生的活动兴趣、方法、设计与反思及独立探究等。 （2）学生活动中的合作精神及沟通与分享能力。 （3）学生的创新发现及反思。 3. 结题汇报时学生的写作、展示、表达的能力。 （1）学生方案、报告的规范性、完整性、创新性等。 （2）学生倾听、交流、合作、分享的态度。 （3）学生认识、学习他人优点，向他人提出有价值的建议，给予适当评价的能力。 其中，结题汇报包括三个方面：汇报展示、答辩质疑、小论文。

续表

课程评价建议 (主要是对学生学业成就的评定，涉及评定方式、记分方式等。)	第一，汇报展示。学生们要在一定的时间内介绍小组的工作，包括如何选题、解决问题的基本思路、如何克服困难、如何合作、用什么方法得出什么结论、对生活有什么指导意义、这次经历有什么收获和感受等。在这过程中，要举证，拿出所有证明自己观点的证据，如设计的问卷、收集的数据、制作的作品等，可以是照片，也可以是录像；要制作 PPT，简明扼要展示每一个建模环节和思考过程。“表达简洁”“思路清晰”“证据确凿”“结果合理”将作为汇报展示的评价标准。 第二，答辩质疑。课题答辩是一种极好的交流方式。答辩者中学生要回答其余学生和老师提出的问题。这是一次互动的环节。其余的孩子要认真倾听答辩者的汇报，注意各个环节，提出自己的疑问（质疑）；另一方面，答辩者要认真倾听其他同学的质疑，并且联系自己的建模认真、清晰地回答。在这个过程中，倾听、交流、质疑、对细节的关注、对思路的把握等，都是对孩子们素养的最好锻炼，可以大大提高孩子们的整体素养。答辩者的“表达清晰”“逻辑鲜明”“阐述令人信服”将作为此环节人评价标准。 第三，小论文。孩子们能不能将自己的思考过程、解决问题的过程从头到尾写出来，写得规范、顺畅，逻辑清晰，思路明朗，让阅读者易读、易懂，这是很重要的。小论文的“书写规范”“结构清楚”“资料全面”“创新点”“对现实的合理认识（抽象）”将作为小论文的评价标准。 我们借助这三个手段进行评价，其用意是明显的。在这个过程中，将进一步锻炼孩子们交流表达的能力，提升他们对现实的认识和把握，培养他们严谨求真的态度，使他们学会倾听、交流、合作、分享，学会尊重他人，增强质疑批判意识、关注书面表达、规范表达等等。

做数学实践

学习小学数学不仅要建构严密的知识体系，更需要知道各种联系，这种联系不仅来自数学内部，也来自学生亲身经历的生活——应用数学的思想、方法和知识解决实际问题。不仅要帮助学生积累丰富的学习经验，更要让学生积累生活经验，认到数学处处有用，学会用数学。我始终认为，不要替学生决定他应该怎样做，而是让他了解更多、看到更多的可能性。这就是做“小课题”慢的艺术，慢慢等待学生的思考研究，就会见到学生的成长。

针对不同的学段特点，我们开发了不同特点的“小课题”研究方案。

年级	课题示例
一上	制作玩具表、叶画……
一下	我会购物、一分钟能做什么……
二上	我的周末我设计……
二下	塑料袋使用的调查……
三上	足球日历……
三下	制作七巧板……
四上	养大一个孩子要花多少钱、栽蒜苗……
四下	打车便宜还是买车便宜、投骰子试验……
五上	附小的植物系列（附小植物调查报告、大树的身高、叶子的秘密）、质数研究……
五下	摄像头的摆放位置、正方体截面的研究、包装中的学问、身高的秘密……

续表

年级	课题示例
六上	附小的建筑系列、数字的用处、我爱我家、校园绿化的调查、破碎的钟表……
六下	卫生纸有多长、垃圾桶的摆放、蝌蚪的秘密、小苗成长日记、龋齿情况调查报告……

♦一年级之神奇叶画

自然界里，叶子是普普通通的，是学生生活中最常见的自然事物之一，可有时对学生来说，叶子又是陌生的。学生在采集叶子、观察叶子的过程中，了解叶子的颜色、形状、大小，并通过查找资料了解叶子的用途。在制作叶贴画的过程中，培养学生对综合实践活动课的兴趣，挖掘他们的想象力，活跃他们的思维，提高他们的实践动手操作能力。

落叶因为有了孩子们的想象而变得更加神奇；秋天因为有了孩子们的巧手而变得更加美丽；世界因为有了孩子们的童真而变得更加精彩。让我们都来热爱秋天，热爱大自然，热爱生活吧！下面分享三组叶画。

可爱的人物：

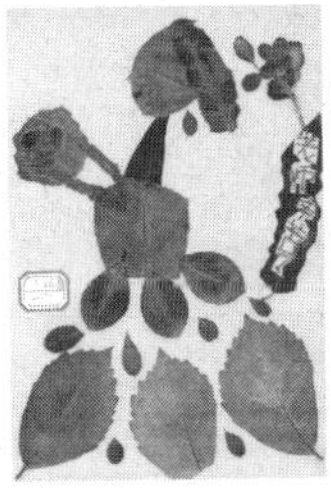

有趣的动物：

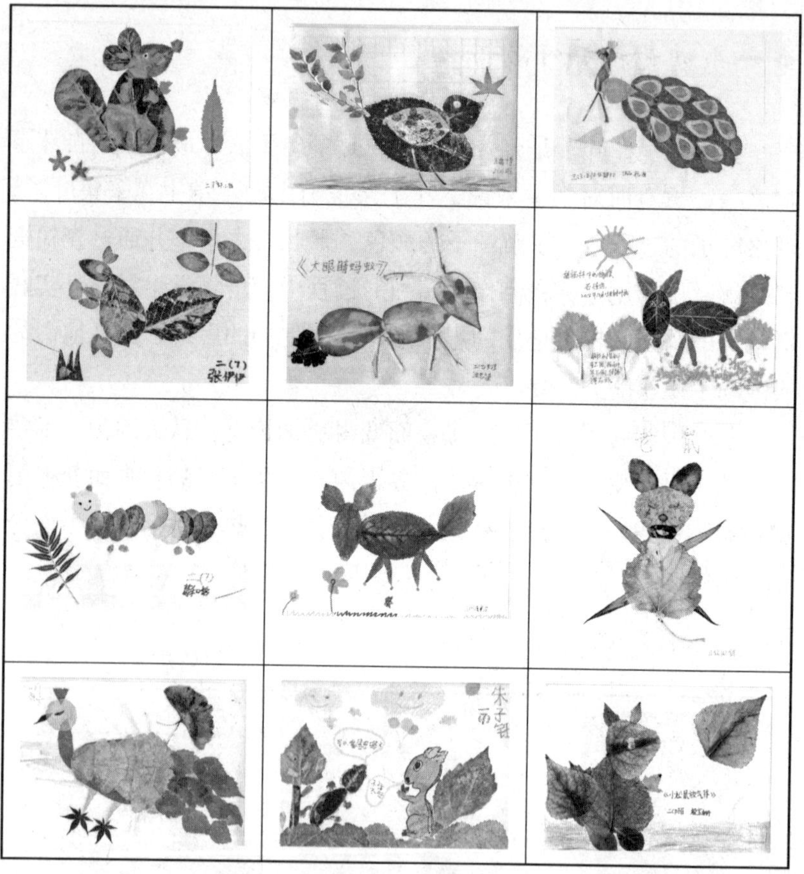

海底生物：

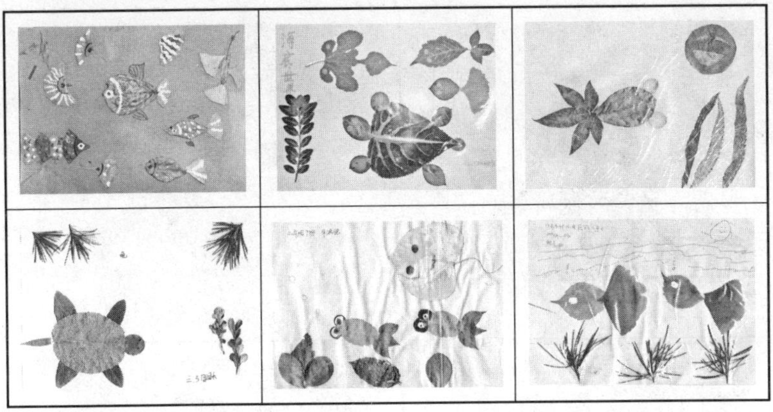

♦二年级之百变魔尺

——我为魔尺狂

百变魔尺又叫“蛇形尺”。每一段都是一个相同的立体三角形，内部由尼龙扣串联，可任意旋转，呈现出各种形状。小小魔尺，智慧无穷！每每上魔尺课，孩子们可开心了，小小魔尺，给了孩子们无尽的欢乐。

每到课间，学校里就会看到二年级的孩子们手拿魔尺，三五成群地在一起转动着、讨论着。

这就是我校正在开展的3C创新实践课程之——“我为魔尺狂”，在二年级的课堂上每周都会有这样的一节数学课，老师和孩子们一起手拿魔尺，探讨着各种不同的造型。

看，这就是我们的魔尺课堂：

经过一个多月的学习、训练、选拔，同学们终于迎来了一年一度的“百变魔尺 PK 大赛”（于每年的 5 月 6 日）。台上的选手跃跃欲试，台下的观众充满期待。

比赛开始了，选手们快速扭转着魔尺，激烈的加油声响起了，台下的同学目不转睛地盯着台上的同学，台上的选手们更是争分夺秒。本次比赛共分为两个环节。第一环节为“魔尺变球”，即用最快的速度用 24 节魔尺变出一个球。此项最好成绩的保持者是二（2）班的李嘉译同学，时间为 5 秒 55。第二环节为“百变魔尺”，即在 1 分钟时间内变出指定造型，造型难度按照 1、2、3 的不同分值进行记录。此项最好成绩的保持者是二（5）班的刘书宏同学，成绩为 15 分。

◆三年级之新年礼物

时间过得真快，一转眼就要过新年了，同学们既兴奋又紧张，大家忙得不亦乐乎。有的在准备装饰教室，为新年联欢会做准备；

有的在组织大家排练节目，准备在联欢会上大显身手；有的在准备新年贺卡和礼物，以在新年到来时，送给自己的好朋友们……

聪聪这个时候又在发愁了，自己要准备什么礼物送给老师和朋友们呢？唉，这几天可真是让聪聪大伤脑筋。这天是星期天，聪聪写完作业后又开始为这件事冥思苦想了：“还有几天就是新年了呀，我怎么一点儿主意都没有呢？”他边自言自语，边走到日历前翻看起来。突然，他眼前一亮：“给朋友们送个特别的日历吧，既有特点又非常实用，而且是自己的原创，还能够提醒他们学会珍惜时间，大家一定会喜欢的。”

太让人高兴了，说干就干，聪聪找来一些漂亮的彩纸准备动手了，可是，他又开始发愁了：“做一个什么样的日历才算是特别的呢？”就在聪聪愁眉不展时，门铃响了，他打开门一看，乐乐和丁香宝宝来了，原来他们也在为新年礼物的事发愁呢。聪聪一听，连忙把自己的想法告诉了两个小伙伴。“做一个什么样的日历呢？”三个臭皮匠顶个诸葛亮，大家一起出谋划策吧。安静思考了几分钟，丁香宝宝一拍脑袋，兴奋地说：“这个日历既要别致，而且还能立在桌面上，不用翻页就能够看到我想要寻找的日期。我们做个足球日历吧。”“太好了！”三个好朋友高兴得跳了起来。

三个小伙伴迫不及待地忙开了，先要准备好这些工具：厚纸（或彩纸）、硬纸板、铅笔、水彩笔、直尺、剪刀、胶水（或细绳、订书钉）等。

乐乐说：“一年有 12 个月，就做一个有 12 个面的足球吧。”每一个面应该是什么样的呢？大家边讨论边认真地在纸上画了起来。“要想把 12 个面粘成一个球形，每个面应该是一个五边形。”“还要在每个面上画出表格，在里面写上星期和日期，在表格

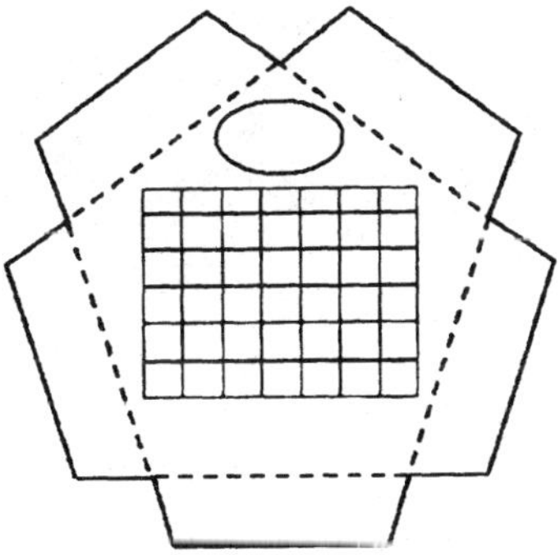

上方写出月份。”大家你一言，我一语，好不热闹。很快，足球日历的一个面就在彩纸上画好了。

“这个足球日历要能立在桌上，应该把彩纸粘在一个硬纸板上。”聪聪说。他拿来一块较硬的纸板，把画好的彩纸小心翼翼地粘上去，并用剪刀沿边线认真地剪了下来。一块终于做好了，小伙伴们欣赏着自己的作品，非常兴奋，可不能放松呀，还要再做 11 块这样的纸板，并把每个月的月份、星期、日期都写上。为了使日历更美观，三个小伙伴还把每一块都精心装饰了一下。接下来，他们把每个五边形沿虚线折起，然后把 12 块硬纸板连接起来（用订书机订，用胶水粘都可以）装配成十二面体。哈哈！一个既漂亮又特别的足球日历完成了，三个小伙伴高兴得又蹦又跳。

下面，我们一起走进孩子们的“日历”吧。

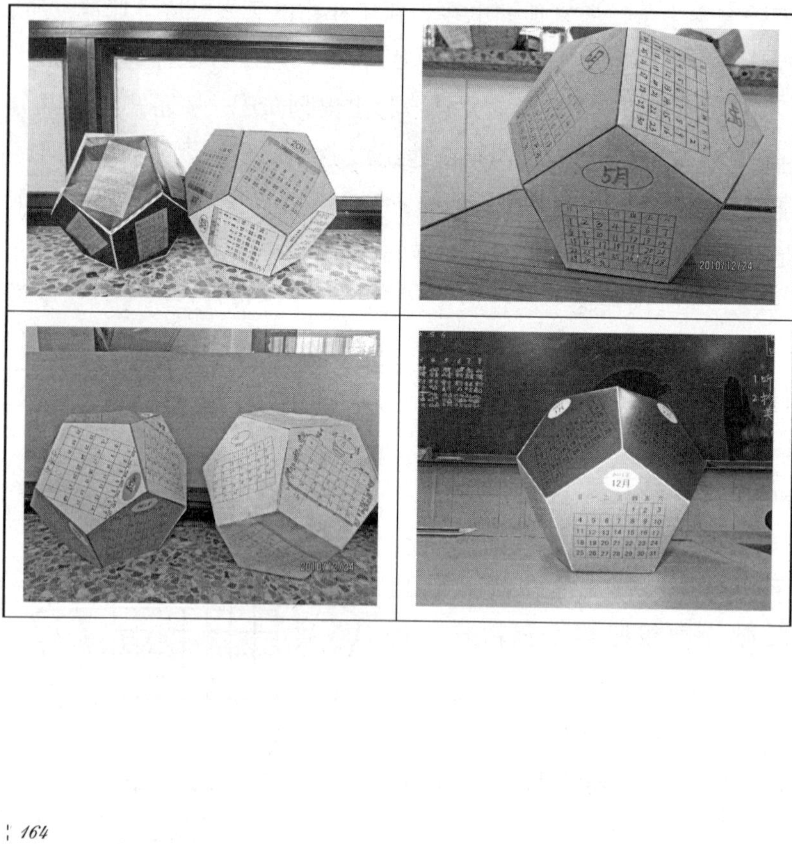

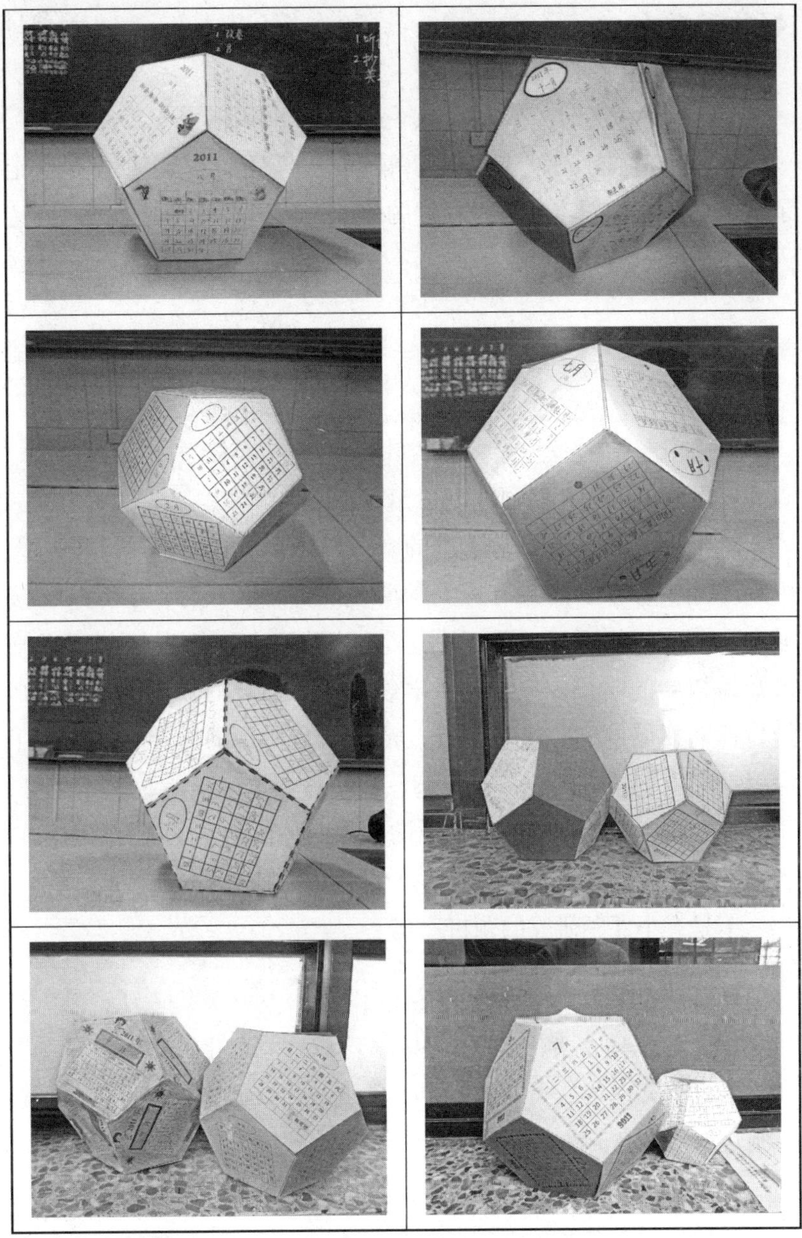

♦叶子的秘密

——五年级之早秋惊落叶

周末的清晨，清清走在布满落叶的林荫路上，微凉的秋风吹走了清清的睡意。望着在风中轻舞的落叶，清清不禁想起了隋唐间诗人孔绍安所做的《落叶》一诗。

早秋惊落叶，飘零似客心。
翻飞未肯下，犹言惜故林。

低下身子拾起一片漂亮的树叶，清清在品味诗中意境的同时，心头忽然蹦出了一个问题："这片叶子有多大？"

想了许久，自己原来学过的有关图形面积的计算公式全然无用武之地。看来真的只有像老师所说的那样，只有到了大学，接触到微积分的知识后才能解决这个问题了。不过虽然不能很准确地知道树叶的面积，但自己所学过的有关估算的知识还是可以帮助自己对树叶的面积进行估计。清清看着手中的树叶不禁陷入了深思：

数方格、看成近似图形这样的方法，是估测不规则图形面积的基本方法，除此之外，还有没有其他的办法呢？

于是，小课题研究的题目出现了：

请写一份关于树叶的调查报告。

1. 运用多种方法估测一片树叶的面积。（树叶的大小要有代表性，不能太大也不能太小。为了更准确，可以选择 5 片树叶，分别估测后取平均值。）

2. 利用估测出的树叶面积，正确解决下面的问题。

科学家研究发现，在有阳光时，大约每 $25m^2$ 的树叶一天所释放的氧气可供一个人呼吸。如果这棵树有 10000 片树叶，那么在有阳光时，这棵树一天所释放的氧气能满足多少人呼吸的需要？

3. 利用网络或其他资源查找资料并整理。（森林对环境的作用、森林的现状……）

4. 畅谈自己在本次实践活动中的感悟。

分享两则学生的调查报告及我记录的一次答辩。

叶子的秘密（一）

调查人：五（2）班　张天秋

森林，是一个拥有高密度树木的区域。这些植物群落覆盖着全球的很大面积，并且对二氧化碳的下降、动物群落的栖息、水文的调节和土壤的巩固起着重要作用，是构成地球生物圈当中的一个最重要方面。森林包括乔木林和竹林等。森林是以树木为主体所组成的地表生物群落。它具有丰富的物种，复杂的结构，多种多样的功能。

森林的益处有：

- 改善空气质量；
- 缓解“热岛效应”；
- 减少泥沙流失；
- 涵养水源；
- 减少风沙危害；
- 丰富生物品种；
- 增加景点景区；
- 带动种苗、花卉产业；
- 减轻噪音污染；
- 优化投资环境；
- 美化自然环境。

森林就像大自然的“调度师”，它调节着自然界中空气和水的循环，影响着气候的变化，保护着土壤不受风雨的侵犯，减轻环境污染给人们带来的危害。

森林不愧是“地球之肺”，每一棵树都是一个氧气发生器和二氧化碳吸收器。一棵椴树一天能吸收16公斤二氧化碳,150公顷杨、柳、槐等阔叶林一天可产生100吨氧气。城市居民如果平均每人占有10平方米树木或25平方米草地，他们呼出的二氧化碳就有了去处，所需要的氧气也有了来源。森林能涵养水源，在水的自然循环中发挥重要的作用。“青山常在，碧水长流”，树总是同水联系在一起。这是因为降水的雨水，一部分被树冠截留，大部分落到树下的枯枝败叶和疏松多孔的林地土壤里被蓄留起来，有的被林中植物的根系吸收，有的通过蒸发返回大气。1公顷森林一年能蒸发8000吨水，使林区空气湿润，降水增加，冬暖夏凉，这样它又起到了调节气候的作用。森林能防风固沙，防止水土流失。狂风吹来，它用树身树冠挡住去路，降低风速，树根又长又密，抓住土壤，不让大风吹走。大雨降落到森林里，渗入土壤深层和岩石缝隙，以地下水的形式缓缓流出，冲不走土壤。据非洲肯尼亚的记录，当年降雨量为500毫米时，农垦地的泥沙流失量是林区的100倍，放牧地的泥沙流失量是林区的3000倍。我们不是要制止沙漠化和水土流失吗?最有效的帮手就是森林。

一、如何测量一片树叶的面积?

下图是我要测量的树叶形状，我首先想到了三种方法，具体为：面积填充法、米粒法、网格估算法。

然后我们通过网络了解到另外两种方法：比重法和扫描法。

下面我详细地介绍前三种方法，简单介绍后两种方法。

1. 面积填充法

我首先准备了一张 A4 的打印纸。我在上面画了叶子的形状，这张 A4 的纸上可以放下约 16 片这样的叶子，如下图所示。所以一片叶子的面积估算为 A4 纸面积除以 16：

一片树叶的面积 $= 21 \times 29.7 \div 16 \approx 39$（$cm^2$）

利用这种办法测量出来的这片叶子的面积大约为 $39cm^2$。

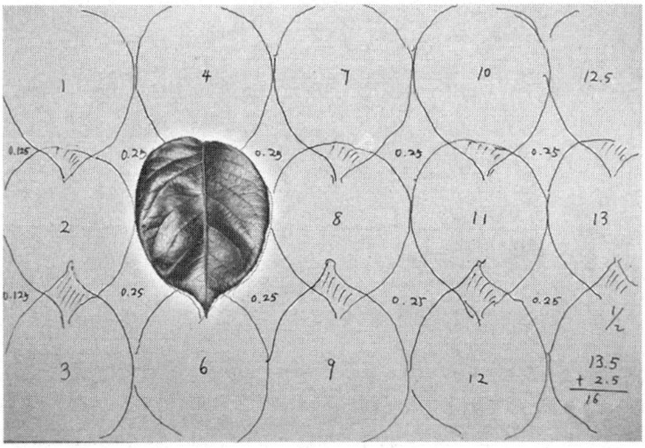

2. 米粒估算法

第一步：如下图所示，在一张 A4 纸上，画出叶子的形状，在叶子同样大小的图案里，均匀地填满米粒。

第二步：将叶子形状的米粒均匀地改成一个正方形，如下图所示。

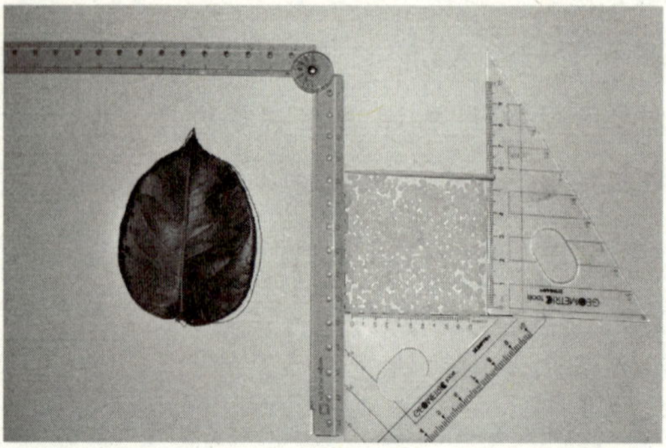

第三步：测量这个正方形的边长，如下图所示。

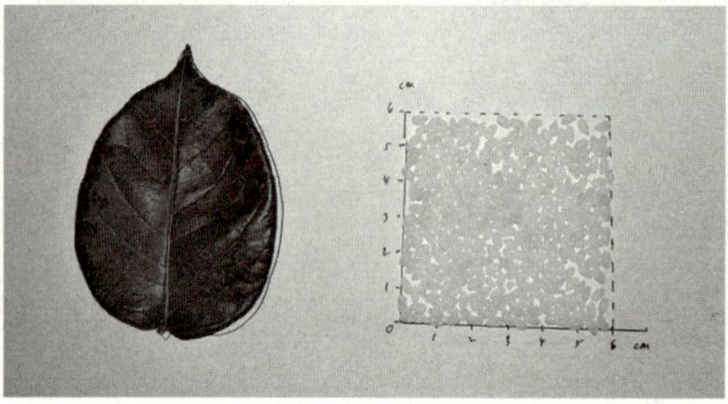

第四步：如下图所示计算出正方形面积约为 $36cm^2$。

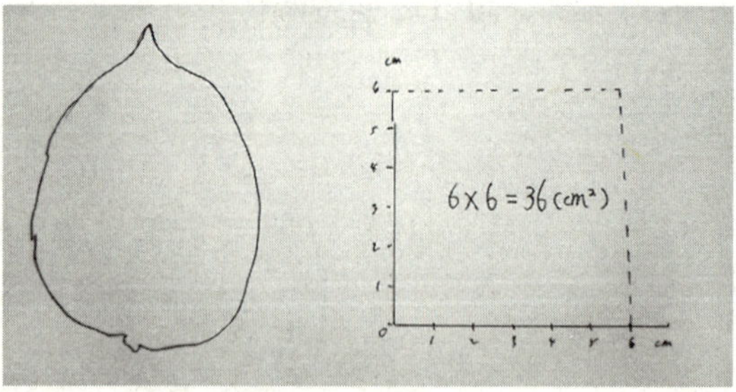

结论：利用这种方法我们估算出这片叶子的面积约为 $36cm^2$。

3. 网格估算法

第一步：在纸上画出叶子的轮廓。

第二步：在纸上画出单位为 1cm 的网格线，一个小方格的面积为 $1cm^2$，然后数出轮廓占有的方格数大约为 36 个，这样这片叶子的面积估算为 $36cm^2$（如下图所示）。

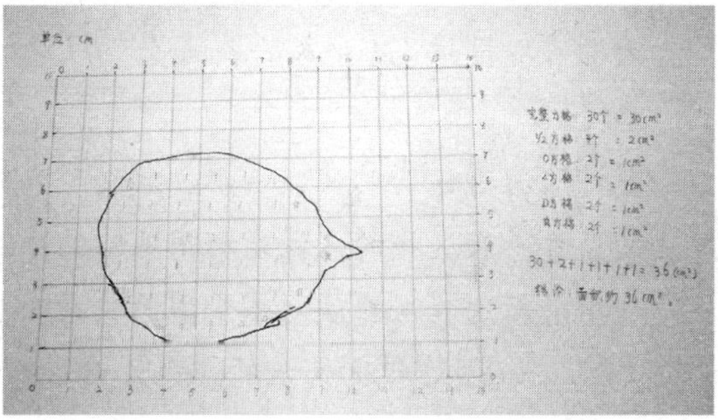

4. 比重法

选一张质量均匀的纸（一般的打印纸即可），拆成长方形，记录下长和宽，算出其面积（长 × 宽），称其重量。在纸上画出叶子的轮廓，并将其剪下，称出叶片轮廓纸的重量，则叶片轮廓纸的重量 ÷ 整张纸的重量 × 整张纸的面积＝叶面积。

这种方法是从网络上查询到的，因为家里没有称重量的天平，所以只是将方法列出来，没法进行实际测量。

5. 扫描法

这种方法是用扫描仪将树叶扫描后计算像素点的数目（单位面积的像素点数目是可以知道的），然后计算出叶子的面积。

这种方法也是从网络上查询到的，因为需要专门的作图软件 AutoCAD，所以只是将方法列出来，没法进行实际测量。

二、思考问题

科学家研究发现，在有阳光时，大约每 $25m^2$ 的树叶一天所释放的氧气可供一个人呼吸。如果这棵树有 10000 片树叶，那么在有阳光时，这棵树一天释放的氧气能满足多少人呼吸的需要？

计算：

根据我们测量的一片树叶的面积为 $36cm^2$，这样 10000 片的面积为

$10000\times36=360000\ (cm^2)=36\ (m^2)$

$36\div25=1.44$（人）

大约可以提供 1.4 个人的氧气量。

感受：

通过这次有意义的实践活动，启发了我对测量不规则图形面积方法的思考。最直接的方法是利用网格的办法，最快速和有效的办法是利用米粒法。米粒法对不规则面积的测量非常有效，而且可以变化介质，如将大米改成小米，那么测量的精度将会进一步提高。通过网络调查，我查到了比重法和扫描法，虽然局限于条件，没法具体测量，但了解更多样的测量方法，对我有很大的启发。原来一个问题可以有很多种解决的办法，这是我这次实践活动得到的最大启发和感受。

当我找到一种方法的时候，我很开心，接着我找到了第二种方法，我觉得我又前进了一步。然后我想出了第三种方法，我更加兴奋了。通过网络查找到了第四种、第五种方法，可能还有很多其他的方法。我体会到了通过自己的思考去解决问题的快乐。这也是这次实践活动给我的一个另外的感受。

森林与人类息息相关，是人类的亲密伙伴，是全球生态系统的重要组成部分。破坏森林就是破坏人类赖以生存的自然环境，破坏全球的生态平衡，使我们从吃的食物到呼吸的空气都受到影响。难怪一位著名的生物学家说："人类给地球造成的任何一种深重灾难，莫过于如今对森林的滥伐破坏！"

爱护森林吧，乱砍滥伐森林是人类的愚蠢行为，再不要做这种贻害子孙后代的事了。我们不仅要保护好现有的森林资源，把利用自然资源和保护环境结合起来，同时还要大规模植树造林，绿化大

地，改变自然面貌，改善生态环境。

叶子的秘密（二）

五（5）班　黄祥平

1. 概述

本次调查希望了解一棵树上的树叶的面积。调查人员为黄祥平，时间是 2011 年 11 月 10 日 15:30 分左右。

我调查的树木位于清华附小西门外墙旁，是一棵银杏树（见下图右），靠南的第三棵，目测六七米高。

2. 方法

一棵树的树叶数量非常多，大小也不相同，基本方法是：

（1）先计算出一片树叶的面积，

（2）再计算树上有多少树叶。

那么：树叶的总面积 = 一片树叶面积 × 树叶总数量。

计算一片树叶的面积可以用投影法；计算树叶总数量则是将树分为若干层，每层由若干连接主干的树杈组成，每个树杈上分出若干树枝。

选取一段基准树枝，统计树叶数量，每个树杈上的树枝可以估计为几倍基准树枝，这样的树杈称为基准树杈，然后认为所有树杈是相同的，统计全树有多少个树杈。树叶总数量的公式为：

树叶总数量 = 基准树杈树叶数量 × 树杈数量

= 基准树枝树叶数量 × 树枝数量 × 树杈数量

3. 树叶数量的统计

（1）基准树枝的树叶数量。

挑选一个相对树叶均匀、长度合适的树枝，数它拥有的树叶数。为了防止计数偏差，通过多个位置数多次以取平均值。我们挑选了下图中的树枝作为基准树枝。

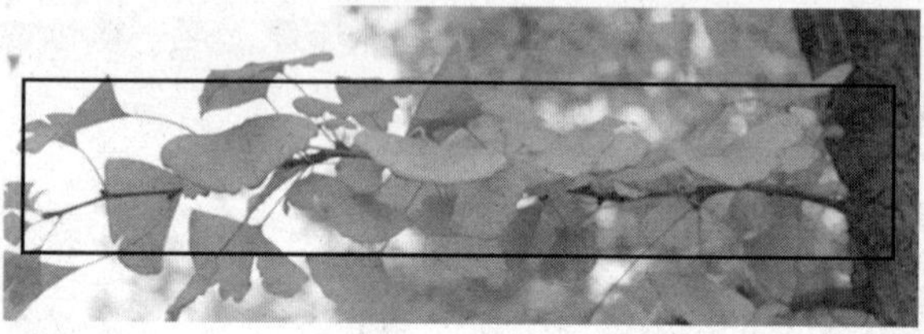

计数表格为：

次　数	第一次	第二次	第三次	第四次	平均值
数量（片）	38	40	42	42	40.5

特别小的树叶被忽略。

结果：基准树枝有 40.5 片树叶。

（2）基准树杈的树叶数量。

若干个树枝，组成一个主干上的树杈，因为认为所有树杈是相等的，而实际上树杈靠近树顶就比较小，靠近树根就比较大，所以应当取中间的典型树杈来计算，相对抵消掉上面和下面树杈大小的影响。我们选取了下图所示的树枝来计算。

可以变成以下示意图：

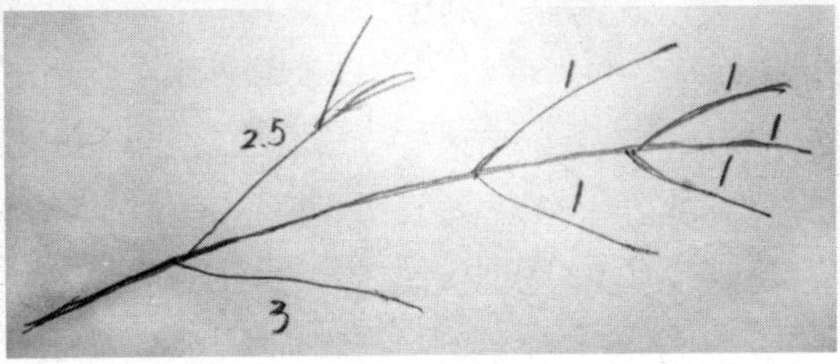

其中图上的2.5、3等数是用来估算该部分相当于几倍基准树枝。

由上图可得到：

基准树杈的树叶 = 树枝数量 × 基准树枝树叶数量

= (2.5 + 3 + 1 + 1 + 1 + 1 + 1) × 40.5 − 425.25（片）

（3）整个树的树叶。

整个树上的树杈情况示意图如右图所示，其中在3层和4层树杈之间有两个小枝，它们只有基准树枝的长度，远远达不到树杈的标准，故单独计入。

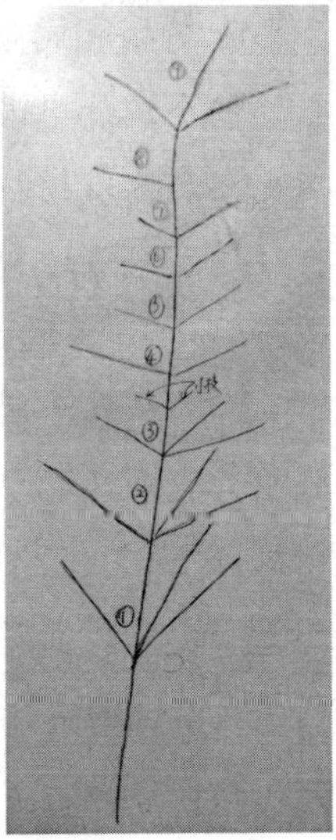

由图可得到树杈总数为19个，小枝2个。

整个树的树叶

= 树枝的树叶总数 + 小枝树叶总数

= 基准树杈树叶数量 × 树杈数量 + 基准树枝树叶数量 × 小枝

= 425.25 × 19 + 2 × 40.5

= 8079.75 + 81

= 8160.75

≈ 8161（片）

因此，整个树上的树叶约为8161片。

4. 单个树叶面积

单个树叶面积采取投影法，即在纸上画出1cm × 1cm的格子，将树叶放在格子上，计算树叶所占格子的数量（如下页图所示）。

 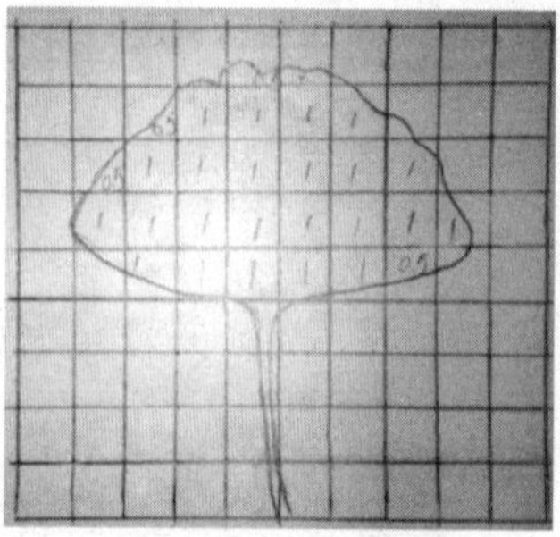

从图中可以看出，树叶约占 25 格，为 $25cm^2$。

5. 整个树的树叶面积

整个树的树叶面积 = 每片树叶的面积 × 树叶总数

$= 25 \times 8161 = 204025\,(cm^2) \approx 20.4\,(m^2)$

因此，整个树的树叶面积约为 $20.4m^2$。

6. 分析和展望

整个统计中误差出现在以下环节：

（1）基准树枝的选取，后面的估算都和它做乘法，如果该树枝树叶过密或者过稀都会导致很大的偏差，将来有条件应该选取多条进行平均。

（2）树杈之间差别比较大，一般来说底部树杈比较大，顶部比较小，我们选取中间，如果有条件应该分成若干层，每层再选基础树杈。

（3）从外观来看，整个树接近一个标准圆锥，树叶为了能照到阳光，重叠有限，可以测量圆锥的高度和底面半径，来估算表面积，作为校准。

难忘的一次“答辩”

直到现在，我还清晰地记得，那是一个周五的下午，我走进五（3）班，伴随着勇于担当的三字口诀歌和侃侃而谈的课前“三分钟演讲”，我开始了这节课。

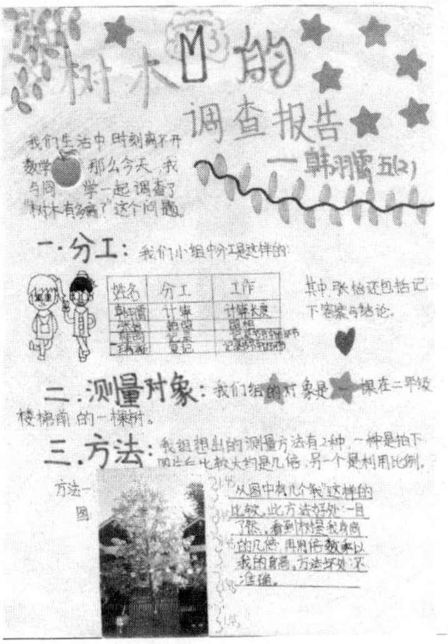

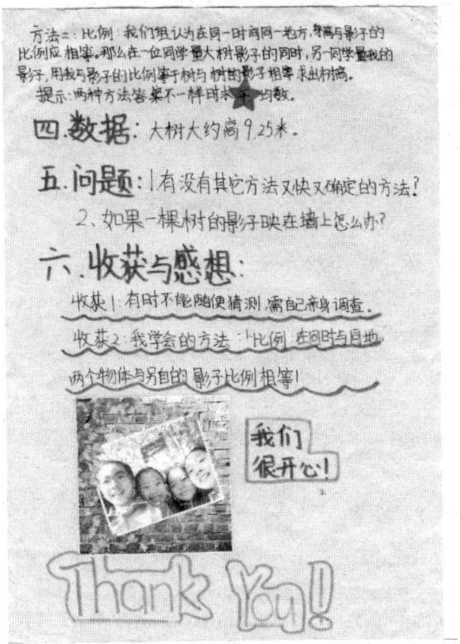

今天这节创新实践课有些不一样，是五（3）班同学第一次进行小课题“答辩”。答辩？没错，您没听错，我也没写错，这是一节别开生面的小学生“答辩”会，内容是“大树身高”的调查报告答辩会。

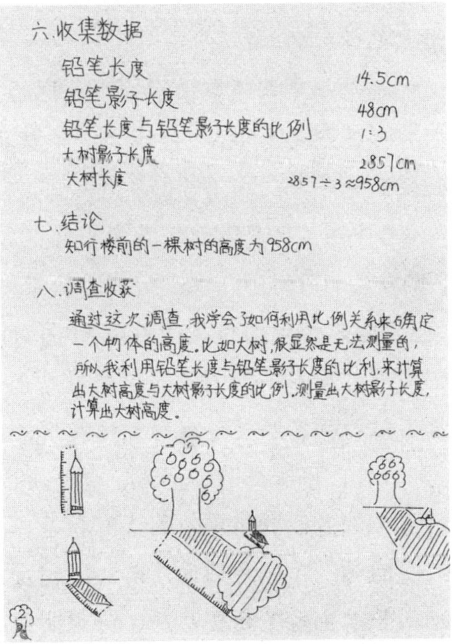

孩子们以小组为单位，人人都是汇报人，但人人又都是“评审”小专家，这“身份”转化得好吗？作为汇报人，孩子们能汇报清楚自己的研究历程和研究结论吗？作为“评审专家”，又能“质”出怎样的“疑”呢？带着这些疑问，我耐心地倾听着，观察着……

“同学们好，我先代表我们组跟大家汇报我们的研究……”第一组同学开始了自己的汇报。

“我们组要解决的问题是‘大树有多高?’这棵树是二年级楼梯前的一棵树，我们组是这样分工的……”

带着问题，研究对象清晰明确，分工合理，听着孩子们娓娓道来，我暗自点头。

“当时，我们组为什么要选这棵树呢?”组内另一个孩子补充道，“这棵树位于二年级楼前，长得非常挺拔，我们都很喜欢它，我们组采用的测量方法有‘影子法’‘拍照比例法’……”

“我们测量影子时，用不同的方法测量了两次，根据两次的结果又算了个平均数，用平均数当作最终影子的长度，然后再求出大树的高度，这棵树的高度是……”

“两种方法得出的大树高度并不一致，我们又根据两个结果算了平均数，最后得出这棵树的高度是……”

……

“请评委专家提问。”

“我认为你们的研究很规范，有时间、地点、研究方法，挺值得我们学习的……”

这个小专家还挺谦虚，听着他的开场白，我暗自点头。

只听他继续说:“为什么一个数据你们要算两次，还要算平均数呢?”

“多算几次尽量让误差小一些，但误差总是有的”。

“哦，谢谢!”

“我来给你们组提个问题，”另外一个小专家“不请自来”，“你们用照片中人高和树高的倍数关系来计算树的高度，如果拍照时角度不对，那岂不是得出的大树高度就太不准确了?”

“对，方法要是不严谨，计算再准确也有问题。”一个坐在最后的男生带着很有同感的表情附和着。

的确，用照片的方法解决大树身高问题确实不科学，其中道理恐怕等学生学了物理之后才可以明白，今天孩子们的表现已经堪称精彩，无论是对误差的思考，还是对研究方法的再回顾，恐怕已经超过了一节数学课的范畴。

汇报还在有条不紊地进行着，听课的我不断被孩子们感动着，今天收获已经很多了。这时，一阵私语声传进了我的耳朵里面：

“叫不叫我说呢？我说不好呀，还是叫我吧，算了，我还是别说了……”

听着这个不断小声嘟囔的学生，不用看，我知道他是小吴，一个在很多方面都有待提高的孩子，但听他的话茬儿，他一定渴望汇报。一看表，离下课还有5分钟，让不让他说，这是个选择，如何处置这个“突发”事件呢？我毫不犹豫地说：“请大家用掌声欢迎小吴同学跟大家分享。”这掌声给了小吴莫大的鼓励。

小吴说：“我的方法是这样的：我发现这棵树和楼的高度差不多，所以我先量了一下一块砖的厚度，然后数出层楼有多少块砖，估计出两层楼一共多高，近似得出这棵树的高度……”

他的方法和别的同学都不一样，掌声，此处可以有掌声——这个念头刚升起来，耳边就响起了三班同学热烈而真诚的掌声——三班同学接纳、包容，会欣赏别人。如果了解小吴的情况，一定会知道，这难得的掌声对这个孩子是多么重要，后来发生的变化也证明

了这次掌声对小吴的成长真的好重要。

“答辩”还在继续，精彩还在上演，我的心情久久不能平静。创新实践课真的太有意义了，站在课堂上的老师是最幸福的，这幸福来源于学生的精彩，而这精彩则来源于对学生的解放，对课堂的解放。当我们把属于学生的权利还给学生，包括提问的权利，自主学习的权利，自主表达想法的权利，学生就在学校里，就在课堂上找到了归属感，解放就这样发生了——精彩真的是可以预约的！

读数学

读数学概述

数学是人们在长期的社会实践中产生的，发展历史源远流长，它和生活中的人文景观、天文气象、金融理财等方面的知识结下了不解之缘。

随着社会的飞速发展，社会的数学化、综合化程度越来越高，这要求学生需要具有以语文阅读能力为基础，包括外语、数学、科技阅读能力在内的综合阅读能力。“办一所全国最宜读的书香校园”是清华附小的口号，学校努力营造“水木童心、书香立人”的育人氛围，努力办一所“全国最宜读的学校”。

“1+X 课程”涵盖了一年级到六年级的各学科，每个学科都同步配套了推荐阅读书目，数学也不例外。整合数学可以做，整合数学也可以读。整合数学的读就是看有趣的数学材料，领悟其中的数学知识、数学方法、数学思想，体验数学文化，欣赏数学过程的美。

一至六年级的推荐阅读书目如下：

一年级《清华少儿数学》阅读	
曹冲称象	疯狂的兔子
我们的学校	面包公主三姐妹
蹦蹦兔打靶	寻找消失的爸爸
秋季运动会	吃了魔法药的哈哈阿姨
丁香宝宝的玩具屋	国王的生日
游泳中的故事	一起一起分类病
……	……

二年级《清华少儿数学》阅读	
智闯葫芦岛	多多的奇遇
数字谜城	两条射线手牵手
夏令营归来	魔法三兄弟的探险之旅
有趣的扫雷游戏	能数到 10 的 100 次方吗
义卖活动	蜘蛛和糖果店
……	……

三年级《清华少儿数学》阅读	
建筑师选拔赛	阿拉伯数码
聪明镇巧遇	甲骨文中的数字
狐狸的账本（一）	象形文字之谜
狐狸的账本（二）	中国算筹
狐狸种庄稼	爱吹牛的理发师
特别的礼物	最古老的纪念物
森林之旅	请脚趾来帮忙

续表

三年级《清华少儿数学》阅读	
数字地雷阵	楔形文字之谜
未来数学家大会	数字之我言
……	……

四年级《清华少儿数学》阅读	
一门三院士	食神崔女士
兔来兔往	坏蛋格格巫的“好点子”
诸葛亮和聪明兔	外星人来啦
变化中的格子	请帮帮我，X-man
各种各样的萝卜干	谁是四边形王国的王子
地板的设计方案	魔法三兄弟的探险之旅
股市风云	忙碌的星星工厂
神奇的三角板	罗吉狗 数学游戏系列 数学游戏 5
……	……

五年级《清华少儿数学》阅读	
巧巧的妙方	数理化通俗演义
珠宝商谋杀案	爱克斯探长
寻找食神	数学家的眼光
拜师学艺	奇妙的数王国
食神传人	新编十万个为什么（数学卷）
各种各样的盒子	数学神探 006
老方的工业区	数学司令

续表

五年级《清华少儿数学》阅读	
盒子的秘密	数学智斗记
……	……

六年级《清华少儿数学》阅读	
各种各样的大赛	好玩的数学
拨错的电话	数学西游记
火山部落的一天	开心数学故事
南瓜车与魔法城堡	马小跳玩数学
比萨　比萨	数学动物园
王子的玫瑰园	贝贝妮奇奇卡的数学之旅
巧巧的委屈	数王国历险记
智慧树的叶和花	八戒新传
……	……

读数学，读丰富多彩的绘本，读“奇思妙想”的《清华少儿数学》、读起伏跌宕的《数理化演义》……数学故事富有情节，语言生动，极大地激发了学生的兴趣，让学生感受到那些冰冷的运算符号同样有温情的一面，数学在儿童的眼里变得温馨起来，亲近起来了。良好的阅读习惯慢慢地养成了。随着年龄的增长，文字量增加了，在大量纷杂但有趣的阅读材料中筛选有用信息，有助于学生更好地掌握数学，有助于提高学生的数学学习能力，有助于学生学习方式的转变，有助于学生数学人文精神的继承。

读数学实践

◆《蜘蛛和糖果店》

——可能性

乐学目标：

（1）了解如何根据统计材料进行逻辑思考、推理，从而预测在未来相似情况下会产生什么结果。

（2）体会探索世界和预测未来的乐趣。

学习重点：如何根据统计材料进行逻辑思考、推理。

教学难点：预测在未来相似情况下会产生什么结果。

一、谈话引入

同学们，今天我们一起来读一本有趣的数学绘本《蜘蛛和糖果店》。

同学们，你们喜欢糖果吗？我相信啊，很多同学的回答是肯定的，是不是？

那你平时最喜欢吃什么糖呀？哦，有的同学喜欢吃棒棒糖，有的同学喜欢棉花糖，还有的同学喜欢巧克力糖、泡泡糖、果汁糖、奶糖、花生糖、软糖、夹心糖等等。大家的口味不太相同，真是多种多样。

有一只小蜘蛛呀，它也非常喜欢糖果，它就住在一家糖果店里，不过，它遇到了点儿小麻烦。今天我们就一起来看看发生在糖果店里的故事——《蜘蛛和糖果店》。

二、讲述绘本

“走开！走开！走开！我的店里不能有蜘蛛！马上收拾行李走人！”

小蜘蛛遇到了什么麻烦？对了，糖果店的阿姨要把它赶走，不让它住在糖果店了。这可怎么办呀？

我们听听他们怎么说。

“但是，我可以帮助你，因为我知道客人要选什么糖。”

“我才不信！撒谎！”

同学们，你们相信吗？小蜘蛛怎么能知道客人选什么糖呢？如果它真的知道，是怎么知道的呢？我们继续看。

客人来了。

“阿姨，我买糖。”

“咪咪呀，快进来。买什么糖呢？”

你们知道咪咪想买什么糖吗？小蜘蛛知道：

“阿姨，咪咪会买圆溜溜的棒棒糖。可能性非常大！”

“嘘！安静！”

你们觉得小蜘蛛猜得有道理吗？它是随便猜的，还是另有秘密？

咪咪：“我买棒棒糖。”

小蜘蛛真的猜对了，看把它高兴的！我们来看看它是怎么猜到的。

小蜘蛛：“呀呼！看吧。咪咪来我们店四次，四次都买了棒棒糖。所以，我们一定要给咪咪准备好棒棒糖。”

通过小蜘蛛的解释，你知道它是怎么猜的了吗？原来，小蜘蛛根据自己的观察和记录，发现咪咪只喜欢吃棒棒糖，所以当咪咪来到糖果店后，小蜘蛛猜出咪咪非常有可能买棒棒糖。

小蜘蛛猜对了，阿姨的态度是怎样的？

阿姨：“喂！我的店我做主！”

阿姨不相信小蜘蛛。

糖果店又有新客人来了，阿姨赶紧招呼。

“呀，菲菲来啦。今天有好多好吃的糖。”

小蜘蛛：“阿姨！菲菲只有第一次来的时候买了一次橘子味的糖。除了那次，买的都是花生巧克力味的糖。已经五次了。”

那，菲菲会买什么糖呢？

你们知道菲菲会买什么糖吗？为什么呢？有的同学会猜菲菲可能买橘子味的糖，因为她第一次买的是橘子味的；也有的同学会猜菲菲可能买花生巧克力味的，因为她已经买了五次花生巧克力味的，说明她比较喜欢这个口味，可能还会再买；也有的同学会说，不一定，也许她想换个口味呢；等等。那最后菲菲到底买了什么口味的呢？

菲菲：“我买花生巧克力味的糖！”

小蜘蛛又猜对了！他兴奋地说：

“嗨嗨，你瞧。菲菲买了花生巧克力味的糖，我说了我能帮助你的。”

阿姨：“不会的，不会的，肯定是巧合！”

同学们，你们知道巧合是什么意思吗？小蜘蛛两次都猜对了是巧合吗？巧合就是事情恰好一样或相同，小蜘蛛两次都猜对了，是根据以往咪咪和菲菲的购买情况作出的推测，不是巧合。

来了一个小男孩。阿姨赶紧招呼东东：“哎哟，这不是东东嘛！慢慢挑合你口味的糖啊。”

这次小蜘蛛是怎么说的呢？

小蜘蛛：“东东可能买果冻，可能买香蕉味儿的泡泡糖。东东好像已经吃了六次果冻，香蕉味儿的泡泡糖买了四次，所以他会从这两样中选择一个。”

小蜘蛛为什么作出这样的判断？你认为有道理吗？说说你的想法。有的同学可能与蜘蛛想得一样，也可能有自己的想法，我们看看东东最后买了什么。

东东："我买果冻！"

阿姨："啊？！又对了！"

阿姨的表情怎样？很惊讶，为什么很惊讶？阿姨感到小蜘蛛每次都能猜对，绝对不是巧合，非常震惊，也很想知道其中的奥秘。

所以，我们看到阿姨对小蜘蛛的态度变了，阿姨满面笑容地问小蜘蛛：

"那么嘟嘟会买哪种糖呢？"

小蜘蛛："可能是棉花糖，可能是巧克力糖！如果两个都不是，就可能是跳跳糖！"

小蜘蛛这次为什么一下子给出三个可能的答案呢？你能猜一猜嘟嘟以前买过什么糖吗？对了，嘟嘟以前应该是棉花糖、巧克力糖和跳跳糖都买过，而且次数还差不多，所以小蜘蛛只能猜出是其中的一种，却不能肯定是哪种。我们一起来看看是不是这样。

嘟嘟："我喜欢跳跳糖！"

小蜘蛛："啊哈！今天是跳跳糖。以前一直买棉花糖和巧克力糖，最近已经买了三次跳跳糖。可能是吃的时候，糖自己跳进嘴里很好玩。嘿嘿！我也喜欢跳跳糖。"

小蜘蛛又猜对了！

你们看，这回谁来买糖了？是一位老奶奶。老奶奶会买什么糖呢？阿姨也想试着猜一猜。阿姨说："稍等！蜘蛛，这次我试试！嗯，薄荷糖！因为老奶奶只吃薄荷糖，肯定没错！"

你们认为呢？阿姨非常了解老奶奶的口味，所以应该没错。我们一起来看看老奶奶是不是买了薄荷糖。

老奶奶："给我拿泡泡糖！"

怎么回事？阿姨也非常奇怪。

阿姨："老奶奶，今天不买薄荷糖吗？"

老奶奶："我给孙子买。为了奖赏他是个好好吃饭的好孩子。"

老奶奶为什么没买薄荷糖？因为老奶奶这次是给孙子买的。

听听小蜘蛛怎么说："嘿嘿嘿！有时也会出错的。每天吃同样的糖果，时间长了就觉得不好吃了。”

小蜘蛛最后还给我们看了它的记录手册，你能看得懂吗？

“对了，给你看看我的记录手册呀！这里有我的秘密。”

从小蜘蛛的记录手册上，我们看到：咪咪最近连续买了四次棒棒糖，菲菲最近连续买了五次花生巧克力糖，东东最近买了四次香蕉味的口香糖和五次果冻，咪咪最近连续三次买了跳跳糖，老奶奶一直都买薄荷糖。

你们知道小蜘蛛的秘密是什么吗？

一般情况下，一个人平时喜欢什么糖，就会吃得比其他糖要多一些。购买时，喜欢的口味也就会买得次数多一些。当然也会有特殊的情况发生，比如老奶奶给孙子买糖。小蜘蛛用自己的细心观察和动脑思考，发现了这个小秘密，不仅保护了自己，还帮助了店主人。

三、尝试解决问题

刚才看绘本的时候，不知大家有没有发现，糖果店里还住着两个小家伙，是谁呀？

对了，是小老鼠。他们也特别喜欢吃糖，还悄悄地偷了阿姨的糖，时间长了，也被阿姨发现了，阿姨很生气，想要捉住这两个小家伙。你有什么建议吗？相信你一定想到了，可以在老鼠可能路过的地方设下埋伏。让我们听听小蜘蛛是怎么说的。

小蜘蛛：“这只老鼠已经四次搬走星星糖了，所以下次肯定也会搬走星星糖的。而这只老鼠，除了第一次搬走棒棒糖，其余三次都是搬的花生巧克力味的糖，所以下次也会搬走花生巧克力味的糖。”

有了小蜘蛛的帮忙，阿姨就可以在相应的位置做好埋伏，捉住这两个小家伙了。

糖果店的阿姨赶走了两只小老鼠，又遇到了一个新问题：现有的糖不够卖，而有的糖卖不掉，她想再做一些糖，该做什么糖呢？你有什么好建议吗？就像同学们想到的那样，阿姨可以通过记录每天卖了什么糖，来决定该做什么糖。我们看看阿姨的记录。

阿姨记下了周一至周日的受欢迎糖果情况，周一周二都是棒棒糖和花生巧克力糖，周三是棒棒糖和果冻，周四是果冻和薄荷糖，周五是棒棒糖和花生巧克力糖，周六是花生巧克力糖和薄荷糖，周日是棒棒糖和果冻。看了阿姨的记录，你了解到哪些信息？有什么建议吗？

我们能感觉到棒棒糖和花生巧克力糖很受欢迎，如果阿姨的记录能更简单、明了一些就更好了。

你能试着把阿姨的记录单整理一下吗？为了让我们更清楚地看到哪种糖最受欢迎，试着写一写、画一画吧。

我们一起看看小蜘蛛整理后的记录手册吧！你是不是一下就看出来了？小蜘蛛真是会思考。

听了今天这个故事，你们有什么收获吗？你会用“可能、不可能、一定、不一定”说说生活中的事儿吗？你能像小蜘蛛一样认真观察和思考，并进行简单的预测吗？相信你一定可以的。

今天，我们一起阅读了《蜘蛛和糖果店》这本数学绘本，也请同学们在阅读各种文学作品的同时，别忘了关注一下数学方面的阅读，你会从中了解到很多有趣的数学知识。

附：数学阅读报告单

《　　　　　》阅读报告单

阅读者______　　阅读时间______　　阅读心情______

背景扫描：	出版资讯：
书评摘录：	

续表

作者掠影：
故事大观：
阅读思考：
阅读日志： 时间：　　　　　　　　　地点： 精彩书摘：
阅读感悟：

◆从结绳计数说起

乐学目标：了解计数方法的演变过程，进一步体会位值思想。

学习重点：了解计数方法的演变过程，进一步体会位值思想。

学习难点：“化繁为简”数学思想的构建，深入理解十进位值制。

一、自读单

1. 自学思考

古人是怎么计数的？请你画一画，写一写。

预学提示：你可以通过阅读数学课本或查阅相关书籍查找资料，也通过网络搜索资料。

计数方法一：

计数方法二：

计数方法三：

其 他 方 法：

2. 收获与困惑

我的收获	
我的问题	

二、共读单

1. 预学反馈

小组内交流预学单。

2. 探索分享

今天我们就走进“数的历史”，看看数是怎么产生、发展和演变的。

在远古时代，还没有出现文字的时候，人们用实物计数。祖先们最早用石子来计数。可是这些东西容易散乱，不易携带及保存，人们就想到了用结绳的办法来计数。

结绳也不是特别方便，不易长期保存，后世的人采用在实物上刻痕以代替结绳计数。

石子计数

结绳计数

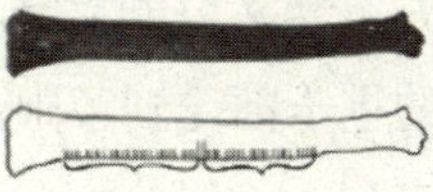

刻痕计数

小组交流：

这几种计数方法，有什么共同特点？

你认为这种计数方法有什么优点？有什么局限性？

3. 探索——符号表示数

在实践劳动中，人们发明了了一些符号，用符号来表示数。

古埃及象形数字：

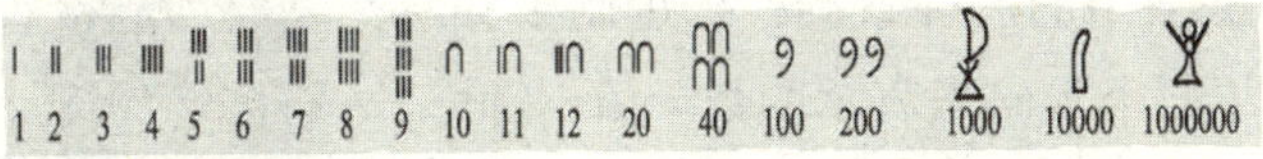

玛雅数字：

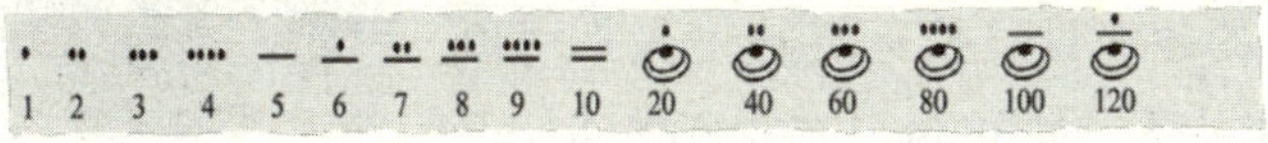

中国算筹数字：

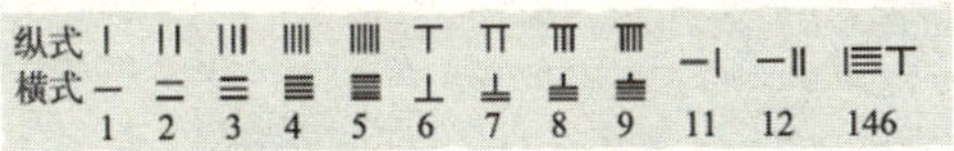

印度 - 阿拉伯数字：

0，1，2，3，4，5，6，7，8，9。

小组学习：

（1）选择一种符号，表示“一千九百一十五”。

（2）用这种符号表示数有什么优势？有什么局限性？

全班反馈、交流。

印度 - 阿拉伯数字公元 8 世纪传入我国，但是一直没有得到应用，这致使中国古代数学到了元朝之后，已成强弩之末，远远落后于西方，后来只能靠翻译来维持数学的发展，我国的数学乃至整个国家的进步都受到了限制。

直到19世纪末，我国才开始使用阿拉伯数字，阿拉伯数字在我国的推广使用也不过是100多年的时间。

中华民族是位值制当之无愧的独一无二的发明者。这一发明对人类文化贡献之巨，纵然不能与火的发明相比，至少是可与文化史上我国的四大发明相媲美的。（吴文俊，见右图）

4. 拓展

二进制带我们走进信息时代，是计算技术中广泛采用的一种数制。二进制数据是用0和1两个数码来表示的数。由18世纪德国数理哲学大师莱布尼兹（见右图）发现。

现有的超级计算机运算速度大都可以达到每秒一太（Trillion，万亿）次以上。超级计算机是衡量国家科技发展水平和综合国力的重要标志。

（1）你还知道哪些数字的演变历史？

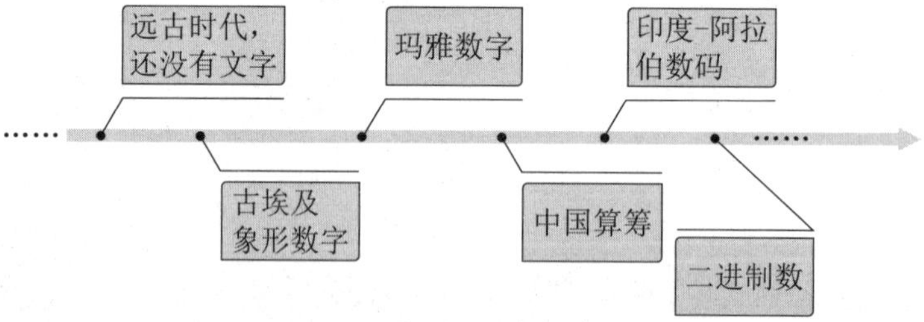

（2）0的故事？

（3）除了十进制、二进制，还有那些进制？

……

5. 回音壁

新的收获	
新的问题	

◆古埃及数学

乐学目标：

【理解】了解古埃及数学史。

【掌握】掌握古埃及人的测量方法。

【运用】运用数学史传递数学文化。

学习重点：了解古埃及数学史。

学习难点：实际生活中测量长度方法的选择与优化。

一、自读单

1. 自学思考

（1）想办法搜集古埃及在数学、几何、建筑等学科的杰出成就，并准备汇报。

（2）测量长度的方法有哪些？

2. 收获与困惑

我的收获	
我的问题	

二、共读单

1. 自学反馈

（1）小组内交流自读单。

（2）你还知道哪些测量长度的方法？

2. 探索分享

（1）情境引入。

数学也和其他人类文明一样，最早出现在位于几条大河流域的四大文明古国。就国外数学发展的源头而言，首推的应该是古埃及和古巴比伦。

古埃及大部分区域都是黄沙滚滚的沙漠，只有尼罗河冲刷而过的地方是孕育埃及的绿带，埃及$\frac{1}{30}$的面积聚集了全国90%以上的人口。

埃及是世界四大文明古国之一，受宗教影响极大，举世闻名的（　　　）是古埃及人对永恒观念崇拜的一种产物。金字塔是埃及法老的陵墓，目前埃及共有（　　　）余座金字塔，其中最大的一座是（　　　）。除金字塔以外，（　　　）、（　　　）等也是古埃及的象征。

①尼罗河畔的测量。

非洲的尼罗河是世界上最长的河流。尼罗河水经常泛滥，冲毁良田，冲走地接标识。洪水消退后，古埃及人需要重新勘测土地界线。古埃及的几何学由此萌芽。

测量长度时，古埃及人把身体各部分的长度作为标准。他们最重要的测量基准是一肘的长（即前臂长）。但是，人的手臂长短不一，为了测量的精确与统一，古埃及人制定了测量基准——“标准肘尺”（如下页左图所示）。

下页右图中的工具也是当时古埃及人的测量工具。

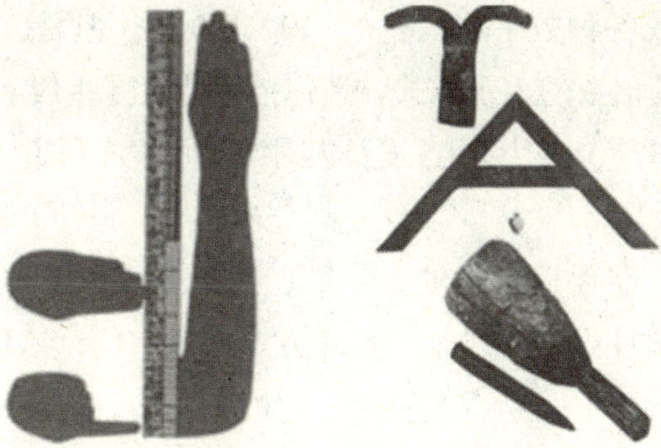

考古学家发现大约5000年前古埃及的壁画上就描绘了人们用打了结的绳子来测量土地的场景，还有壁画描述人们将收获的谷物送往粮仓，记录员做统计的场景（如下图所示）。

②古埃及象形数字。

古埃及人使用象形文字来表示数，这些数字符号就像罗马字母一样可以组成各种数字，代表 1、10、100 等。但是，在埃及数字中没有 5 及其倍数的表示方式，请你猜一猜：哪些数字古埃及人没有用符号表述？（　　）。古埃及人对减法也没有研究。

③古埃及历。

古埃及人在建造神奇的金字塔、狮身人面像及神庙时，都十分重视阳光和月光如何以某一特殊方式通过它们，这促进了数学、天文学的发展。下图是古埃及历，它以 12 个圆代表一年 12 个月。古埃及人把尼罗河泛滥的那一天作为一年的开始，左边 4 个圆表示泛滥季节，中间的 4 个圆是播耕季节，右边的 4 个圆是收获季节。

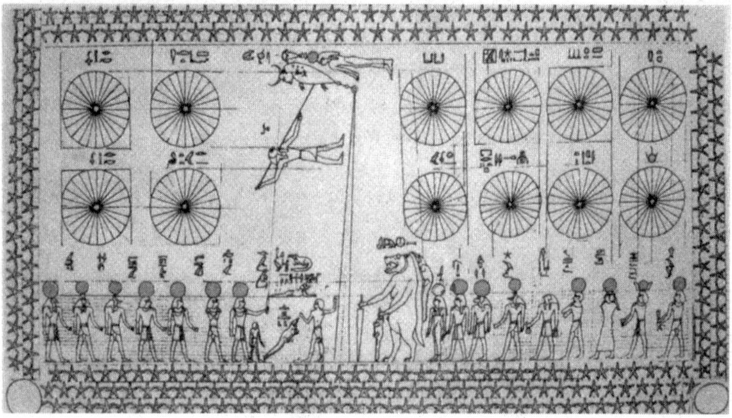

三、延读单

1. 神奇的金字塔

提到古埃及，人们自然会想到世界七大奇迹之一的金字塔。埃及最大的胡夫金字塔呈正四棱锥体，刚建成时，底面正方形边长 230.5m，塔高 146.6m。通过精密仪器测量，人们惊奇地发现，金字塔底面边长的相对误差不超过 1/1400，即不超过 2cm；四底角的相对误差不超过 1/2700，即不超过 12″。这些都说明了当时埃及的几何学和测量技术都已经达到了相当的高度。

2. 罗塞塔石碑

古埃及流传下来的古文字共有三种：

（1）象形文字，约产生于公元前 3000 年。

（2）僧侣文字，通常写在纸草上。

（3）通俗文字，民间书信、记账用。

其中古老的象形文字长期以来一直是一个不解之谜。1799 年，拿破仑远征军在尼罗河入海口的罗塞塔村，发现了一块黑色的石碑，上面刻着象形文、通俗体和古希腊文。三种文字铭刻着同一内容，使得精通希腊文的学者找到了解古埃及文字的钥匙。法国语言学家商博良的研究，为人们通过象形文或僧侣文古文献，认识并理解包括数学在内的古埃及文明打开了大门。

♦古巴比伦数学

乐学目标：

【**理解**】了解古巴比伦数学史。

【**掌握**】掌握六十进位制。

【**运用**】运用数学史传递数学文化。

学习重点：了解古巴比伦数学史。

学习难点：六十讲制数与十进制数的转化。

一、预学单

1. 自学思考

（1）百度搜索古巴比伦在数学、天文等学科的杰出成就。用PPT呈现搜集到的资料。

（2）调查六十进制与十进制的区别。

2. 收获与困惑

我的收获	
我的问题	

二、共学单

1. 自学反馈

（1）小组内交流自学单。

（2）你还知道哪些进位制？

2. 探索分享

（1）情境引入。

古巴比伦位于亚洲西部的两河流域，这里的两河指的是(　　)和（　　），大体位置相当于今天的伊拉克。大约在公元前3000年前，这里就建立起了奴隶制王国并逐渐出现了繁荣的城市，创造了辉煌的古代文明。

关于古巴比伦的辉煌成就，你们知道些什么？

（2）古巴比伦数学成就。

①泥板上的楔形文字。

两河流域有取之不尽的优质粘土，聪明的巴比伦人独创性地把它制成泥板，当作书写材料。他们把芦苇秆削尖做笔，在粘土板上刻画下楔形的痕迹（如下图所示）。泥板晒干或烧烤后，便能长期保存。现在已出土的50万块泥板文书中，大约有300多块与数字有关。这些泥板上印有清晰的楔形数字。早在公元前2400多年前，古巴比伦人就已经完善了数学计算体系，他们采用六十进位制，就像我们计算时间的时、分、秒的进制一样。比如，六十进制的数“2,34”写成十进制就是154。同学们，请你想一想：这是怎样运算的？泥板中的数学文献还记载着面积与体积的计算、方程组、级数求和、勾股数、开平方等内容。

②正方形计算。

美国耶鲁大学收藏了一块泥板，上面画有一个正方形（如下图所示）其中有三组六十位进制的楔形数字。

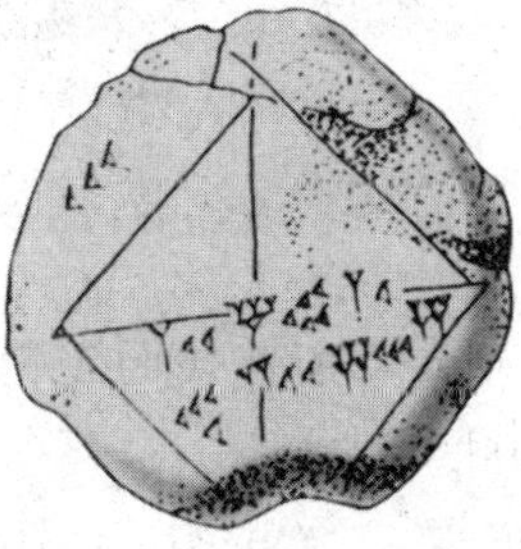

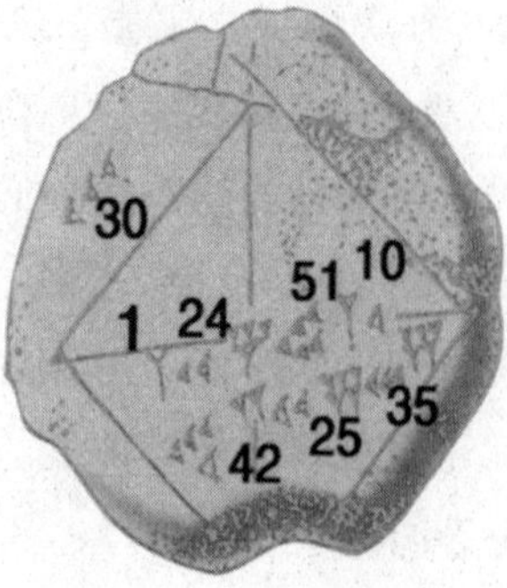

正方形对角上为 1，24，51，10，化成十进位制为

$$1+\frac{24}{60}+\frac{51}{60^2}+\frac{10}{60^3}\approx\sqrt{2}$$

而左上角的边长 30 乘以 $\sqrt{2}$ 就等于对角线长度，即下方的 42，25，35。

③联立方程组。

下面这块巴比伦泥板上写了一道数学趣题，我们先把前七行的内容翻译过来：“长度、宽度。把长度和宽度乘起来就是面积，再把长度超过宽度的部分加到这个面积上，就得到‘3,3’。再把长度和宽度单独相加得 27。请问：长度、宽度和面积各为多少？”

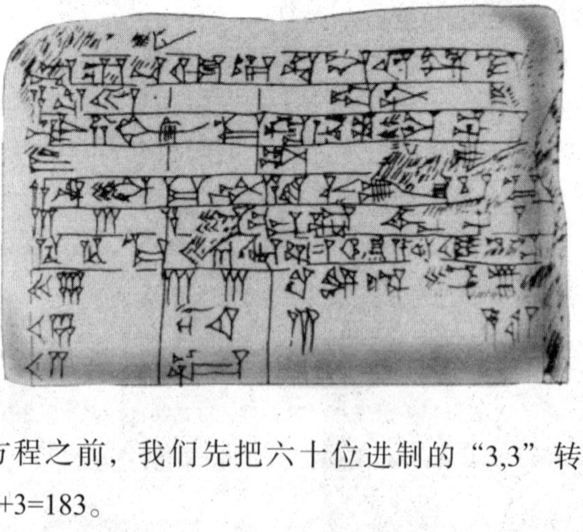

在列方程之前，我们先把六十位进制的“3,3”转化成十进制数 $3\times60+3=183$。

设长度为 x，宽度为 y，则面积为 xy。

$$\begin{cases} xy+(x-y)=183 \\ x+y=27 \end{cases}$$

$$x(27-x)+x-(27-x)=183$$

$$x^2-29x+210=0$$

$$(x-14)(x-15)=0$$

当$x=14$时,$y=13xy=182$。（化为60进制为3,2）

当$x=15$时,$y=12xy=180$。（化为60进制为3,0）

接下来，我们来看一下泥板上的答案（见下图）。泥板上只写了一个答案，长 15，宽 12，至于“面 3”，如果用现在记法应为“3,0”，但当时古巴比伦还没有相当于零的符号，所以它是在 3 后面空了一个字的位置。

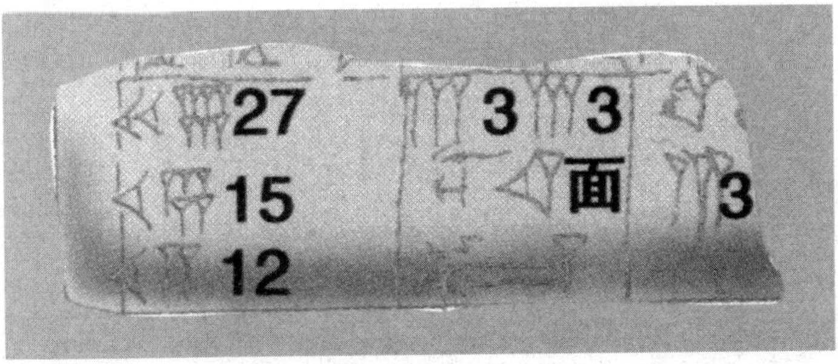

3. 回音壁

新的收获	
新的问题	

三、延学单

1. 天文立法

古巴比伦人很早就开始使用年、月、日的天文历法，他们的年份是从春分开始的，一年 12 个月，每月 30 天，一星期 7 天。

这7天是以太阳、月亮和金、木、水、火、土七星来命名的，每个星神主管一天，如太阳神主管星期日。我们现在的“星期制”就是在古巴比伦时代所创立的。另外，圆周分为360度，每度60分，时间1小时等于60分，1分等于60秒的记法，也是来源于古巴比伦。

2. 通天塔

传说古巴比伦曾建过一座“通天塔”，塔高288ft（英尺），约高88m，共8层，是当时人们观察天象，思索宇宙奥秘的场所。但由于历史久远，古巴比伦几经浩劫，能留下的记载已是凤毛麟角。欧洲文艺复兴时代的画家勃鲁盖尔据此描述，绘制了想象中的通天塔。后来，人们又根据传说和名画修建了一座模拟的通天塔。

3. 空中花园

古巴比伦的空中花园，被称为古代世界建筑七大奇迹之一。传说是公元前605年古巴比伦国王为了取悦宠爱的妃子而建造的。这座宏伟而芬芳的建筑，底部呈方形，每边长120m，高出地面25m。每一层平台就是一个花园，花园里种植着大量的奇花异草，当年的古巴比伦人安装压水机、链泵等机械把水运到高处，以保证植物灌溉和王妃的享用。

如今，在七大奇观中，除金字塔外，其他的已在漫长的历史岁月中湮灭殆尽，或仅存废墟和遗迹。人们根据遗址及对当年建筑学、几何学的研究，绘制出了空中花园的想象图。

画数学

画数学概述

儿童在充满美感、充满情趣的数学绘画过程中，如此近距离地感受数学情境和数学知识，把抽象问题具体化，将复杂问题简明化，从而加深他们对数学知识的美好记忆。画数学不仅创新了学习数学的方式，而且把孩子们的认知活动与情感活动有机地结合起来，促进了儿童的潜能开发与良好个性的发展。

学生能从画数学中体会到数学学习的乐趣，并且有意识地利用画来解决问题；学生在画数学的过程中体会到了数学的价值，欣赏到了数学的美……画数学以后，我们的数学课堂也变得更加生动，看着学生在画的过程中越来越喜欢数学，我的心也被幸福充满，所以让孩子们勇敢地画数学吧！让孩子们尽情地去创造数学画吧！徜徉在数学画的海洋里，孩子们是怎样的乐此不疲，兴趣盎然呢！

画数学实践

——我的学习我整理

单元梳理是学生学习成长中的一段特殊经历。一个单元学习完毕，既需要引导学生对已经掌握的知识、技能、感悟的数学思想等进行盘点，更需要站在新的起点上帮助学生构建、扩展已有的数学活动经验，并且带着更为丰富而独特的“数学学习阅历”再出发！单元梳理，第一，重在一个“理”字——“我”的单元“我”整理，是指把学过的知识进行系统归类、对比梳理，将零散的知识系统化，将容易模糊的知识清晰化；第二，重在一个“习”字——“我”反思、“我”复习，这是学生基于自我反思的再学习，而不是简单的重复，更多的是一个引导学生加深对数学知识的理解，进一步提高对数学知识的掌握水平和应用水平的过程。思维导图是学生画数学的一种有效方式，也是引导学生进行单元整理的有益尝试。

思维导图是一种将人类大脑的自然思考方式——放射性思考可视化的图形思维工具。它既可以呈现知识网络，是组织陈述性知识的良好工具，也可以呈现思维过程，是组织程序性知识的良好工具。它图文并茂，将主题关键词与图像、颜色等融合在一起，并以主题关键词为中心向外发散出关节点，每一个关节点代表与中心主题的一个联结，而每一个联结又可以成为另一个中心主题，再向外发散，呈现出放射性立体结构，而这些关节的联结可以视为学生对学习的反思性建构。引导学生利用思维导图或是用自己的方式画数学，整理数学，就是要将隐性的反思学习外显出来。

“数学学习活动应当是一个生动活泼、主动和富有个性的学习过程”，把画数学引入到数学单元整理中的教学中，既给教师提供了组织教学的方向，也给学生提供了主动思维的机会，让学生亲历知识梳理、自主建构，将思维导图本身的发散性和学生富有个性甚至别出心裁的创意有机结合，充分体现学生的主动和富有个性的反思性学习过程，这种学习本身就是主动的创造性学习。

下面分享几幅学生画数学的作品。

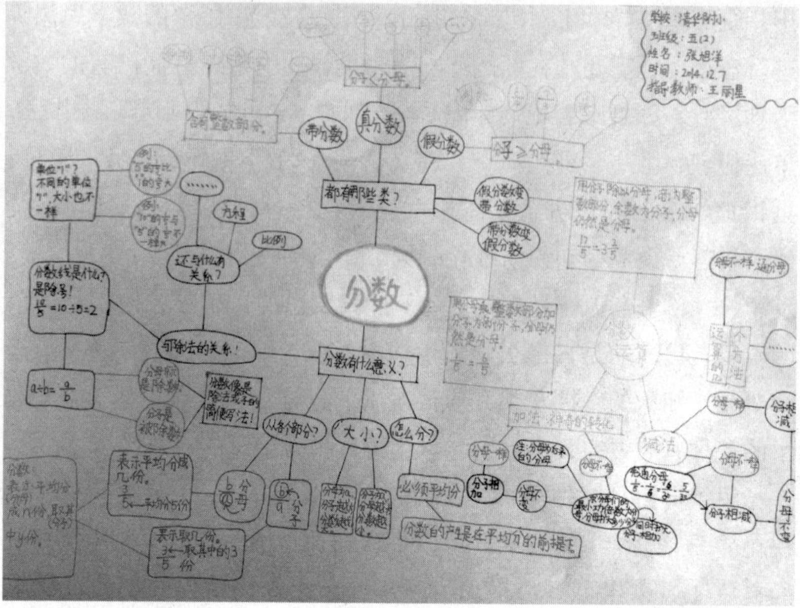
分数
真分数
假分数
带分数
都有哪些类?
分子<分母
分子≥分母
假分数变带分数
带分数变假分数
分数有什么意义?
与除法的关系!
还与什么有关系?
方程
比例
从各个部分?
大小?
怎么分?
必须平均分
分数的产生是在平均分的前提下。
分数运算
减法
分母相减
学校:清华附小
班级:五(2)
时间:2014.12.7

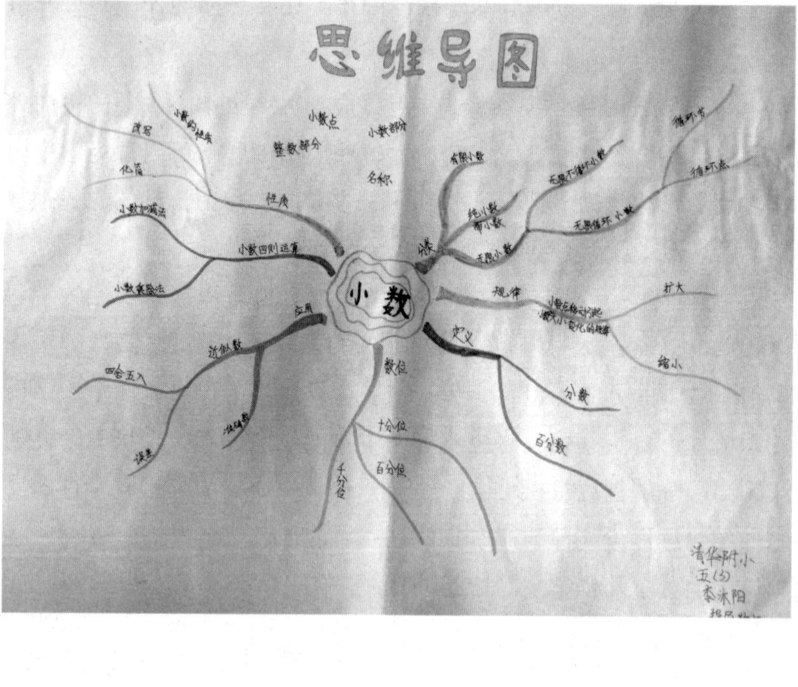
思维导图
小数
小数点
小数部分
整数部分
名称
性质
化简
改写
小数四则运算
小数加减法
小数乘除法
应用
近似数
四舍五入
数位
十分位
百分位
千分位
定义
分数
百分数
规律
扩大
缩小
分类
有限小数
纯小数
带小数
无限小数
无限不循环小数
无限循环小数
循环节
循环点
清华附小
五(3)

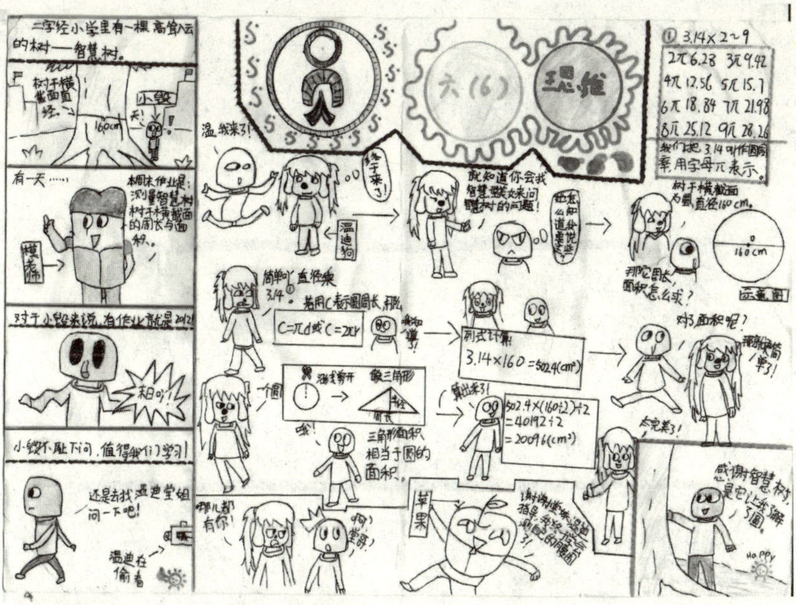

存期(整存整取)	年利率%
一年	3.00
二年	3.75
三年	4.25
五年	4.75

比例王国后传
你买这么多尺子干嘛呀？
温，我回来啦！
尺子
批发市场
摔！
哇，好好的尺子为什么要摔坏？！
上回我不是摔坏了一把尺子，就到比例王国了吗。
对呀，你这是？
批发市场
这回多摔坏几把，不就又可以回到那儿吗！
……
(全剧终)

话数学

话数学概述

清华附小“十个一”学生培养目标明确提出“一副好口才”的要求。口才是一个人的修养、智慧和素质的外在表现。吸引人的演讲，言之有物、言之有序、言之有理、言之有文、言之有情、言之有趣。无论是国内如周总理，国外如林肯、马丁·路德·金，这些伟人无不有着出色的口才。从小给孩子们提供在众人面前“侃侃而谈”的机会，善莫大焉！

话数学就是为“一副好口才”奠基的有益尝试，主要抓手为每节课的“课前三分钟”，学生可以将数学名人故事、趣味数学题、数学家逸事等作为演讲的内容，但主要是寻找自己身边的有关数学的那些事儿。在演讲完后谈点自己的感想。经过一段时间的演讲，学生对数学的兴趣越来越浓。在此基础上，我们又趁热打铁让学生从身边的数学现象说起，让学生感受生活中处处是数学，处处需要数学。

全班同学都积极参与，上课时采用自愿报名的方式确定哪一位同学演讲，演讲完毕后其他学生要对其进行评价。这样一来，每个同学课前都能积极准备，听完全部同学的演讲，每个学生都拥有了一本“数学百科全书”。

学生对“课前三分钟”演讲，表现出极大的热情，浓厚的兴趣，不仅数学学习热情空前高涨，应用数学的意识也大大增强了，而且在此过程中锻炼了口才，学会了有条理地表达，学会了用数学眼光看待问题。“数学”在他们的眼中也不再是枯燥乏味且烦琐的代名词，而成了他们探索知识，展示才华的一个广阔的舞台。

话数学实践

——三分钟演讲

◆生活中的大数

1

2

3

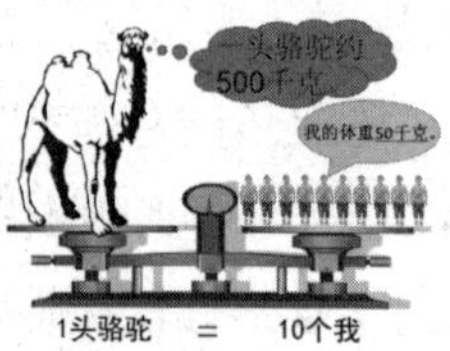

4

5

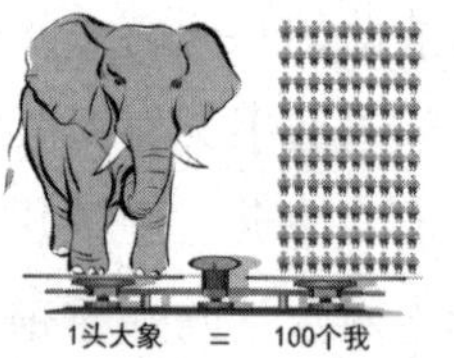

6

7

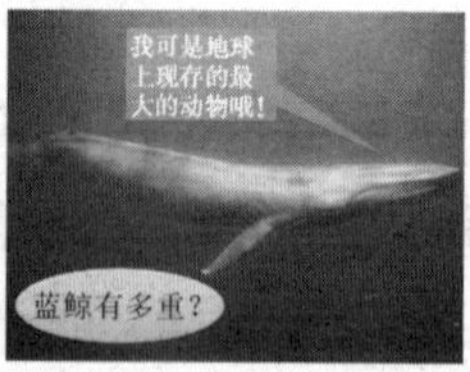

8

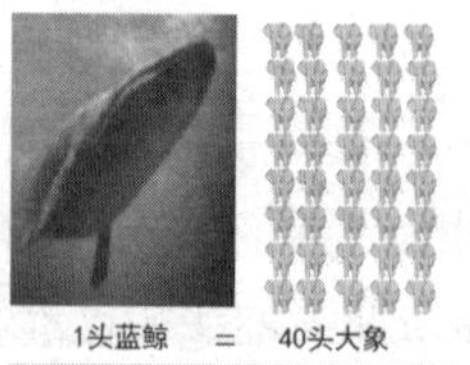

9

续表

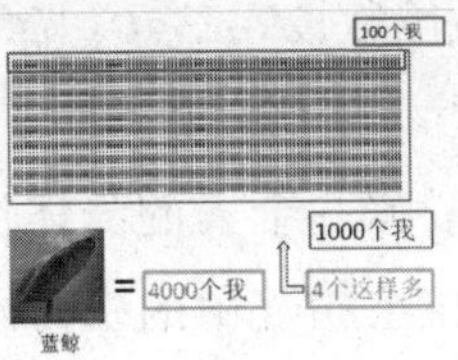 10	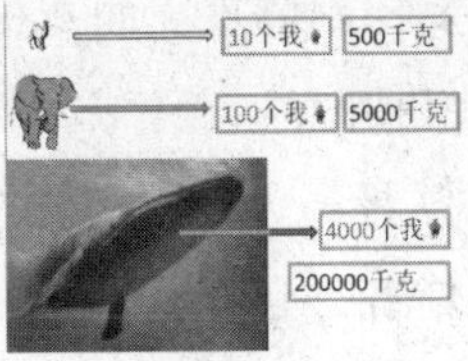 11	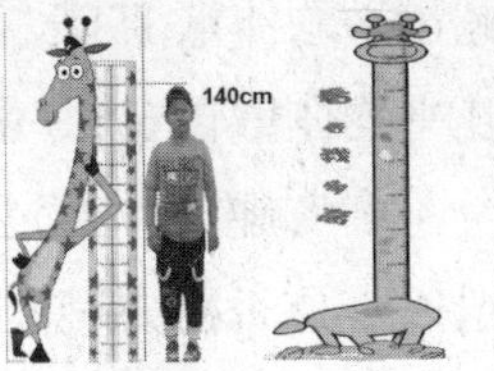 12
 13	 14	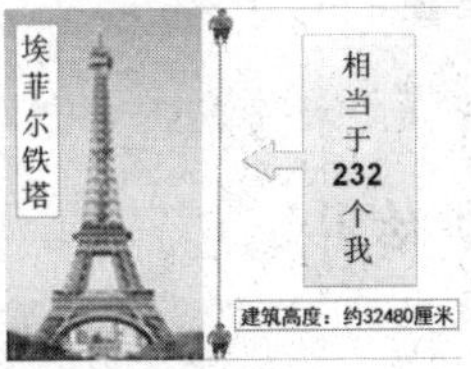 15
……		

（清华附小　二年级　王储玉）

◆量身高体重

今天，学校给我们三年级体检，量每个同学的身高和体重。

我的身高是130cm，体重23kg，哈哈，去年我的身高是123cm，今年我比去年长高了7cm，而体重基本没有什么变化。我有三个好朋友，开开、葡葡和鸣鸣。开开的身高是135cm，体重是44kg，葡葡的身高是133cm，体重是25kg，鸣鸣的身高是141cm，体重是26kg。我突然想计算下我们的平均高度和体重。请看下面算式：

身高：（130+135+133+141）/4=134 余 3（cm）。我们四人平均身高：134cm。我有点失望，因为我是四个人中最矮的，134−130=4（cm），还差4cm没有到平均身高呢，看来我还需要加强体育锻炼，加速长高才行。

体重：（23+ 44+25+26）/4=29 余 2（cm）。我们四人平均体重：

29kg。我看了这个数字，觉得开开胖了一些，44–29=15（kg），他超出平均体重 15kg，需要控制体重。而我稍微偏瘦，29–23=6（kg），比平均体重轻 6kg，需要再胖点。

多有趣啊！通过计算身高、体重，可以了解一个人的身体情况——是否需要减肥、增胖，还可以看自己在小朋友中的发育水平，数学在我们身边的应用机会真多，我一定要学好数学！

（清华附小　三年级　邹睿石）

◆估算

估算到底是估着算还是算着估？答案是唯一的——估着算。而我们所谓的估算，却常会变成“算着估”。

其实，估算不仅仅是单纯的数学知识，更重要的是一种数学思想和方法，是解决问题的有效方法。当我们有了估算意识，便会自觉地意识到，在计算过程中，除了精算还有估算；在计算要求不太高的情况下，可以灵活地运用估算来解决日常生活中一些简单的问题，从而避免“算着估”的现象。

估算方法有许多种：去尾法，四舍五入法，精确到 × 位法，扣整法……在不同的时间，不同的地点，我们要学会用不同的估算方法来解决问题。如：我们在买东西时，想大概花 50 元，那么，我们在看每样东西的价格时，就应该用四舍五入法。

其实，估算中也会用到精算，精算与估算是一组不可分割的计算方法。如在解决“买门票问题”时，有一个学生提出“据我估算，用 250 元钱，买每张 8 元的门票，最多可以买 31 张”。这虽是一个估算的结果，但已经很好地渗透了精算，因为 31 × 8 既不超过 250，但余数又小于 8。

这就是估算的内在价值。将估算应用于我们的实际生活中，既有利于数学知识的获得，又有利于数学知识的巩固，这也是估算中不可忽视的方面。估算不是独立的，应该紧密结合实际而应用，它与精算犹如阳光下的形影关系。加、减、乘法计算中的检查得数要用到估算，除法计算中的商也要用到估算，想知道操场的周长大约有多少米、放学路上所花的时间是多少要用到估算，购物时更要用到估算……估算天天要用，估算日日存在，估算是精算的基础，估算也是精算的补充。估算只有与实际生活相结合，才能显现估算的内在价值。

估算虽然有估的成分，而且其对计算结果的要求也没有精算那么高，可估算带给我们的思考却是那么的深奥，我们务必走出“算着估”的误区，朝着“估着算”的方向努力，显现估算的内在价值，提高估算的有效性。

（清华附小　四年级　夏雅青）

◆1 小时中的数学

这天是周日。早晨我 8:38 起床去找爸爸妈妈。妈妈问我前一天几点睡的，我说晚上 9:30。妈妈问我睡了多久，我一算，哇！我睡了 11 个小时。平时我是晚上 8:30 上床睡觉，早晨 6:20 就起床了。今天比平时多睡了一个小时。

我走进客厅，看见钢琴盖儿开着，还摆着前一天的歌谱，我就去弹了一会儿。这时我发现音符里面也有数学。四分音符为一拍，两个四分音符等于一个二分音符，两个八分音符等于一个四分音符，两个二分音符等于一个全音符。妈妈说她听糊涂了，我就给她画了张图（右见图）。妈妈说我画得很好，然后叫我赶紧去吃早饭。

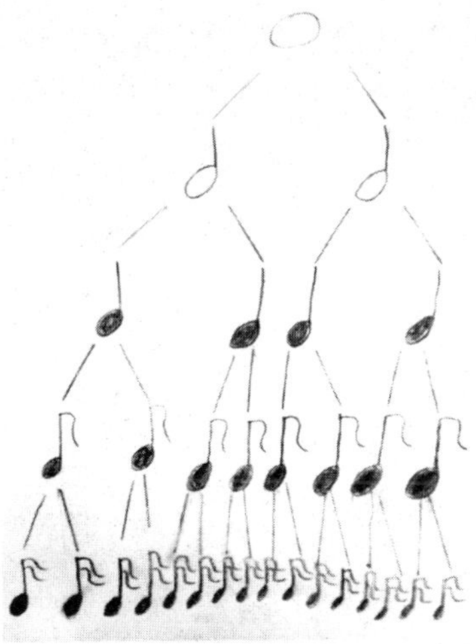

早饭是奶奶准备的，有粥和鸡蛋，还有两个甜玉米。妈妈眼睛一亮，拿起一根玉米问："猜猜看有多少粒？"我想也没想就抢先说："有100粒。"爸爸却用眼睛盯着玉米看了一会儿才说："得有600粒吧。"我觉着爸爸说的可能更对，就赶紧把自己的数字修改为400～500粒。妈妈这时仔细地数了数，每行有40粒，有14行，那么是560粒。爸爸赢了，我有点泄气。妈妈又数了数另外一个玉米，有12行，每行也是40粒，共有480粒。"可是这两个玉米是一样大小啊。"我争辩说。妈妈又把先前那个重数了一遍，原来也是12行，是刚才数错了。还是我猜得准！我可高兴了。

"咦？难道所有的玉米都是12行吗？"我开始好奇了。

这是巧合吗？爸爸立即拿起他的iPad上网查了起来。原来，玉米的行数居然一定是偶数的，通常不是12就是14。这下可有趣了，这里一定有秘密。我把爸爸妈妈的兴趣都调动起来了，继续查。原来每根细细的玉米须子就是玉米的雌花蕊，将来都能长成一粒玉米，而玉米花蕊的数量天生就是偶数的，这是由基因决定的。但是气候啊，化肥啊，水分啊等等，都对玉米的生长有影响，所以花蕊的数量有时会相差2行或者4行。通常每行都有40粒。画出来是这样的（见右图）。科学家可以控制基因增加玉米的行数，这样就增加了玉米的产量。真是太有趣了。妈妈说，这一小时里的数学就够我写的了。我挺高兴的，觉得今天的玉米特别香甜。

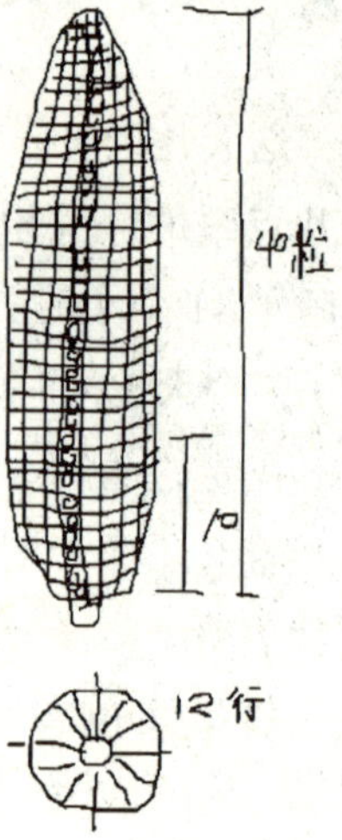

（清华附小　五年级　付嘉琪）

后记　整合数学还在路上

——孩子的些许变化

2014年4月9日—17日，海淀区小学第七届“世纪杯”四五年级数学教学基本功展评活动在我校开展，2个年级，12个班，6天，474名学生，30节课，1200分钟，教师演绎着别样的精彩，学生的精彩更是一言难尽。

片段一：本届“世纪杯”，一位选手上课并听了两天课，对他“刺激”最大的是清华附小的学生，他回去后就开始跟老师们不断地诉说孩子们的精彩，说得词语都匮乏了——这学生的精彩是什么？

片段二：周末，教研员孙老师给一位校长打电话，说到清华附小学生的精彩，这位校长诚邀孙老师专门去自己的学校讲一讲——这学生的精彩是什么？

片段三：一位小学副校长，听完课就“闹心”了——学生们对我的冲击不亚于“原子弹爆炸”，是核子裂变式的冲击。这究竟是一所怎样的学校？为什么孩子举手投足间，怎么就跟别的学校的孩子不一样，就让人舒服？如今清华附小的学生已是如此样态，如果我们还躺在过去的功劳簿上，怎对得起那一两千学生！——清华附小的学生为什么精彩？

片段四：4月17日上午12:00，四五年级的“世纪杯”接近尾声，教研员孙老师饱含深情地对坐满闻道厅的各校校长、老师们说：“我爱上清华附小的学生们了！”

片段五:《新世纪小学数学》主编张丹老师说:“清华附小的学生活泼但理智，个性但认同，聪明但不偏颇。”

是呀，这精彩是什么?

一直举起的小手——“执著”的精彩

记不清是哪个环节了，孩子的名字也已记不清了，但他代表了附小孩子们的样态，故事是这样的：教师在课上提出一个问题后，学生纷纷举手发言，几个同学发言后，教师依然没有叫到他。恰巧，这个孩子的座位就在我们旁边，使得我们有机会近距离地观察他。一次没叫到，他的手扬了又扬，两次没叫到，他的手依旧扬了又扬。这个问题的研究告一段落，进入下一个环节的研讨，第三次还是没有叫到他，但他依然不急不躁，执著得令人心动。终于，老师叫到了他。

他说:“我就是对前一个同学的方法有一个建议，他没有必要估得很麻烦，有这时间用计算器敲两下也敲出来了。而且呢，他提的‘上限’这个说法我认为也是不准确的。因为他进的是小数，我还可以进整数。我说这话，并不是说我把‘进十’这种方法当作可行的方法，只是为了说明他的语言有些不准确的地方。”

我们感动于以这个孩子为代表的附小孩子，感动于他们努力尝试的淡定，感动于他们愉悦表达的执著，我们更高兴的是,30 节课，附小孩子这样阳光的样态还有很多。

看一下附小孩子的发言人数统计。

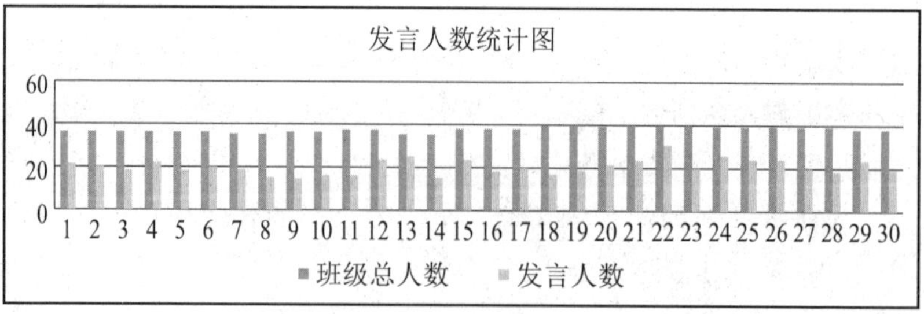

持续关注的眼神——参与的精彩

一节课，40 分钟，2400 秒，我们总能看到孩子们持续关注的眼神，会心的微笑，欣赏的点头。当这种样态成为一种常态时，我们不禁欣慰，这或许就是我们追求的理想课堂之一吧！

我有不同的想法——质疑的精彩

“我有不同意见。”“我有不明白的地方。”“我还有个问题。”……课堂上，学生面对学习，不断地提出问题、解决问题，尤其是同伴间的彼此激发令人印象深刻。30 节课中，每节课近半数的孩子作过有思维含量的发言，更重要的是平均每节课能主动并乐于质疑大约 2 次，并且提出了高质量的问题，这怎不令我们为孩子们的变化高兴！

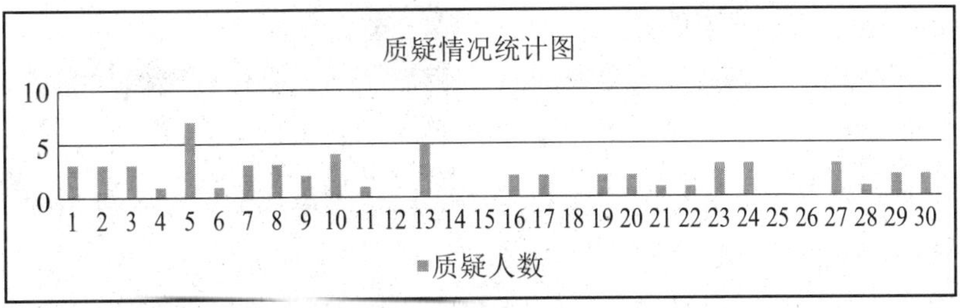

别担心，我们在一起——小组化的精彩

“老师，我可以上前边去说吗？”

——课堂的主角是学生。走上讲台阐述自己的想法，甚至在黑板上“涂鸦”，学生对此习以为常，他们很乐意走到台上展示想法，

甚至有的同学在台下讲着讲着就情不自禁地走上了讲台。

“你的方法挺好的，我的想法是……”

——彼此的欣赏和鼓励，演绎了和谐生成的课堂。孩子们在伙伴们发言完后，总是先“正能量”地评价，然后再将自己的看法娓娓道来。生生评价，生生互动，生生合作，互动后的愉悦令人心动，享受学习的样态更是令人欣喜。

一个鞠躬礼的故事——认同的精彩

讲台下生 1：我有一个问题，就是说你怎么能确定小飞的这些好友都是小阳的呢？你这幅图的意思就是小飞的好友是小阳好友的一部分吗？

讲台上汇报组：对，是的。谢谢你的提问。

讲台下生 2：我感觉你们这个网格画得特别好，只不过有点小建议。小阳、小飞、小边摆放的位置有点不对劲，让我们看不懂哪部分是小阳的、哪部分是小边的、哪部分是小飞的。

讲台上汇报组：我解释一下，首先小边的是没有画线的部分，整张纸都是小边的，小飞的是画单线的，就是这个位置，大家看到了吗？就是除了空白的部分都是小飞的，画双线的部分是小阳的，谁还有疑问？

讲台下生 3：我只是给你个建议，你们这个方法非常好，就是图画得不是很好。把每个人用颜色区分，比如小边黑色、小飞蓝色、小阳红色，这样就更明显一些。

讲台上汇报组：我们会改正，谢谢你的建议——边说边自然地鞠躬感谢。

这个躬自然地就像喝水吃饭一样平常，悦纳感恩之情自然流露，而这样令人惊奇且又好奇的场景在 30 节课上时有出现，这鞠躬礼的背后蕴含着附小对人的培养的价值追求。

学生站在课堂正中央，长时间的熏染之后，所有的孩子才会体会到我的问题我做主、我的思考有价值，于是他们开始在思考、交流、讨论之中形成课堂的生态。生态就自然而然熏染出来，随即形成了课堂文化，这种交往的文化不仅仅是数学文化，当知识、情感、思维相遇的时候，就有了不可想象的丰富样态。课堂解放了，一切都改变了以后，带来的是什么呢？人的变化——学生从外到内的变化，变得对人、对事、对学习平静而执著、谦逊而无畏。

课堂解放了，把属于学生的权利，提问的权利，自主学习的权利，自主表达想法的权利还给学生，学生在学校里、在课堂上找到了归属感，解放就这样发生了。学生笑了，更加专注了，更喜欢走到讲台前自信地表达了。学生不是在回答老师的问题，而是在交流，在分享，在疑问，也是在提困惑，好比每天的生活一样，那么的自然，自然而然形成常态。这是自动化的过程。于是也就有了老师们的掌声，也就有了张丹老师眼中的“活泼但理智，个性但认同，聪明但不偏颇”的评价，于是也就有了家长们的笑脸和掌声。

教育的根本在儿童生命的成长，而教学的全部意义也在儿童的成长。一切的整合，包括学科整合、知识整合，应该是为了儿童而整合。教师的整合理念带来课堂模式的变化，课堂模式的变化又进一步引发了学生思维方式的改变。跳出学科学数学——以整合的思维学数学，由课程执行者转变为课程创造者，老师的思维方式发生了明显的变化。他不再是一个单单在课堂上教课的老师，而变成了一个整合教师，变成了教育者。思维方式决定着这个人将到哪里去，拥有了这样的思维方式的教师，会更加主动地参与到学校一切与学生有关的活动中去。

回想近三年来“整合数学”的探索之路，我想最大的变化就是，老师们开始在知识中思考素养、在学科教学中思考教育，关注“完整的人”的成长；学生在学习过程中，有了更多的实践、体验、参与，综合素养提升了。基于国家“立德树人”的根本任务，在建构更加科学合理的、能够实现“学生综合素养”的课程体系上，我们上了路。

我们是教整合数学的，我们是教人学整合数学的，但我们更是用整合数学教人的。我们不能剥夺学生飞翔、成长的权利。尤其不要用我们的方式让他们去接近知识、接近数学，而是让他们用自己的方式接近数学、亲近数学。

我们还在路上，还走在路上——只要找到路就不怕远，我坚信!

图书在版编目（CIP）数据

我这样整合数学：寻找数学的宽度与厚度／王丽星著．—上海：华东师范大学出版社，2015．4

ISBN 978 - 7 - 5675 - 3373 - 8

Ⅰ．①我… Ⅱ．①王… Ⅲ．①小学数学课—教学研究 Ⅳ．①G623.502

中国版本图书馆 CIP 数据核字（2015）第 075254 号

大夏书系·数学教学培训用书

我这样整合数学
——寻找数学的宽度与厚度

著　　者　王丽星
策划编辑　李永梅
审读编辑　卢风保
封面设计　奇云文海·设计顾问

出版发行　华东师范大学出版社
社　　址　上海市中山北路 3663 号　邮编　200062
网　　址　www.ecnupress.com.cn
电　　话　021－60821666　行政传真　021－62572105
客服电话　021－62865537
邮购电话　021－62869887　地址　上海市中山北路 3663 号华东师范大学校内先锋路口
网　　店　http：//hdsdcbs.tmall.com

印 刷 者　北京密兴印刷有限公司
开　　本　640×960　16 开
插　　页　3
印　　张　15.5
字　　数　209 千字
版　　次　2015 年 5 月第一版
印　　次　2021年4月第四次
印　　数　12 101-13 100
书　　号　ISBN 978－7－5675－3373－8/G·8173
定　　价　32.00 元

出 版 人　王　焰